1001 Ausrede
für jede Gelegenheit

Christina Zacker/Gerald Drews

1001 Ausrede für jede Gelegenheit

Praesent Verlag

Titelgestaltung und Illustrationen: Robert Erker, Augsburg
Satz: 9/11 Punkt Century Schoolbook von Uhl + Massopust, Aalen
Gesamtherstellung: Ueberreuter, Korneuburg
Printed in Austria

ISBN 3-89350-494-X

Inhalt

Vorwort

Eigentlich hat alles schon damals mit einer Ausrede angefangen:
Adam gab nicht zu, daß er den Apfel von Eva liebend gerne genommen hatte, sondern schob ihr die Schuld zu, als die Sache in die Hose ging. Und Eva redete sich natürlich auf die Schlange heraus, die sie verführt habe.
Nur die arme Schlange hatte keine Ausrede. Aber sie war ja auch der verkleidete Teufel und als solcher sowieso in der Hölle zu Hause.
Sie sehen also: Ausreden gab es schon immer. Zu biblischen genauso wie zu späteren Zeiten. Die beiden im Paradies hatten mit den allerersten Ausreden nicht viel Erfolg, wie wir wissen. War es Pech? Oder waren ihre Ausreden einfach nicht gut genug?
Sie haben es heute besser als Adam und Eva. Sie können glücklicherweise eine ganze Menge Ausreden finden, die zu allen möglichen Gelegenheiten passen. Sie können die Schuld an ihren Fehlern auf alles Mögliche schieben. Bloß eine Bedingung für die Ausreden gilt damals wie heute: Glaubwürdig müssen sie sein.

Der Wecker mit Stromausfall.
Der Bus zu spät.
Der Erbonkel aus Amerika angereist.
Die Oma zum fünftenmal gestorben.

Das sind wirklich alles alte Hüte. Das kennt jeder. Das glaubt Ihnen keiner mehr.
Entwickeln Sie ein bißchen mehr Fantasie! Wir wollen Ihnen dabei helfen. Deshalb haben wir dieses Buch geschrieben. Leider ist uns gegenüber dem Verlag keine Ausrede einfallen, wie wir uns um diese Arbeit drücken könn-

ten. Deshalb haben wir uns all die Monate, während wir an diesem Manuskript herumbastelten, eingeredet

- daß wir, so edel, hilfreich und gut, wie wir nun einmal sind, unseren Mitmenschen bei der Bewältigung ihrer Probleme helfen möchten.
- daß wir gerne unsere Freizeit diesem hehren Ziel opfern.
- daß wir mit diesem Buch reich, berühmt und erfolgreich werden und danach nie mehr an den Schreibcomputer müssen.

Unser absolut todernst gemeinter Ratgeber soll Ihnen künftig beim Ausreden-Erfinden kräftig auf die Sprünge helfen. Sie werden nach der Lektüre keine Probleme mehr haben,

- Ihrem Chef zu verklickern, warum Sie in dieser Woche zum dritten Mal zu spät gekommen sind;
- Ihrer Nachbarin ganz glaubhaft zu erklären, warum Sie die Blumen während ihres Urlaubs nicht gegossen haben;
- dem Finanzamt klarzumachen, daß Sie die Steuer nicht etwa hinterziehen wollten, sondern vielmehr ganz stichhaltige Gründe hatten, in Ihrer Steuererklärung so manches Detail »auszulassen«.

Und nun wünschen wir Ihnen viel Spaß beim Lesen. Vor allem aber: Viel Erfolg bei Ihren Ausreden, die Ihnen künftig – garantiert! – alle abgenommen werden.

Kapitel 1:

»Iiiich bin's nicht gewesen ...«

Ausreden für Schule, Beruf und Privatleben

Natürlich gibt es einen Hauptgrund für fast alle Ausreden: Man muß, möchte, will verschleiern, was man falsch gemacht hat. Ob Sie Schüler oder Student sind, ob Sie im Büro oder auf der Baustelle arbeiten, ob Sie Ihrer/m Liebsten einen Tort angetan haben oder »bloß« dem Nachbarn: Zugeben tut's keiner gern, Mist gebaut zu haben.
Das scheint ein Grundbedürfnis des Menschen zu sein. Dafür gibt es auch mindestens zwei psychologische Gründe.
Erstens: Man möchte nicht für seine Fehler geradestehen. Da kämen ja unter Umständen Verpflichtungen auf einen zu.
Zweitens: Man möchte in den Augen seiner Mitmenschen möglichst gut aussehen. Da passen Fehler, Mängel, Vergeßlichkeit oder gar ein »richtiges Vergehen« nicht gut ins Bild.

Natürlich liegt es nahe, als beste »Ausrede« alle Schuld von sich zu weisen. Siiie sind's natürlich nicht gewesen. Siiie haben keine Akte verlegt. Siiie haben es nicht versäumt, neues Material zu bestellen.
Erinnert Sie das an etwas?
Genau:
Schon im Kinderzimmer, wenn Mäxchen die Puppe seiner kleinen Schwester zerlegt hat, wird er – im Brustton der Überzeugung und selbst wenn er bei seiner Untat nicht alleine war – behaupten: »Iiich bin's nicht gewesen!«
Mit langgezogener Betonung auf dem »i« und mit einem so

überzeugenden Blick seiner blauen (oder braunen) Strahleaugen, daß selbst die Zeugin der Anklage – seine Schwester – an der Schuld ihres großen Bruders zu zweifeln beginnt. Auch der mütterliche Zorn wird schwankend. Können so unschuldige Augen lügen?
Mäxchen hat diese Taktik beim erstenmal vielleicht nur aus Versehen angewandt. Um auszuprobieren, wie weit er eigentlich gehen kann. Er konnte ja nicht ahnen, daß sein Versuchsballon so wunderbar steigt. Aber wenn es so gut funktioniert – was hindert ihn daran, diese Taktik anzuwenden, wann immer es geht?
Man kann sicher sein, daß Mäxchen – und später vielleicht auch sein Schwesterchen – diese Ausrede-Taktik perfektionieren wird: im Kindergarten, in der Grundschule, im Gymnasium, auf der Uni und natürlich auch im Beruf: Niiie ist man schuld gewesen.
Entweder wird Mäxchen nun ein ganz großer Gauner. Etwa als Gebrauchtwagenhändler. Oder Versicherungskaufmann. Oder Staubsaugervertreter.
Oder es geht gut aus für Mäxchen, der dann zum großen Maxe wird: Er könnte zum Beispiel eine Ausbildung als Testfahrer machen. Da kann er dann mit voller Absicht viele teure Autos kaputtmachen und müßte die Schuld gar nicht von sich weisen, sondern dürfte voller Stolz auf die Vielzahl der Wagen zeigen, die er zum Wohle der Forschung zu Schrott gefahren hat.
Sie sehen also: Schon in der Kindheit zeigt sich, welch ein »Ausredentyp« man später wird. Ob man erfinderisch-genial seine Phantasie spielen läßt oder einfach alle Schuld an Missetaten von sich weist. Einen Vorteil hat letztere Methode: Sie lenkt – da man sich ja auf die Suche nach dem wahren Schuldigen machen muß – so sehr von der Missetat selbst ab, daß diese mit etwas Glück in Vergessenheit gerät. Und mehr wollen Mäxchen und seinesgleichen ja gar nicht erreichen.
Aber nun genug der Vorrede – hier ein ganzer Schwung von Ausreden für alle möglichen Mißgeschicke. Sozusagen ein

»allgemeiner« Einstieg in dieses Buch. Der Ordnung halber haben wir sie in drei Rubriken unterteilt: Schule, Beruf und Privatleben.

Ausreden in der Schule

Wenn man die Hausaufgaben nicht gemacht hat:
Leider werde ich zur Zeit ziemlich vernachlässigt – meine Eltern haben sich verkracht. Papa weigert sich, meine Aufgaben zu überprüfen. Und Mama hat doch keine Ahnung...

Wenn man das Schulzeugnis nicht unterschrieben dabei hat:
Mein Vater hat sich heute morgen in aller Hektik meinen Aktenkoffer gegriffen. Nun kann ich das Zeugnis erst morgen bringen.

Wenn man keinen Bock auf Mathe-Hausaufgaben hatte:
Wir haben einen jungen Hund. Der frißt alles an – heute früh hab ich mein Matheheft völlig zerfleddert im Hundekorb gefunden.

Wenn man kein Gedicht auswendig lernen wollte:
Bei uns daheim ist derzeit die Hölle los – wir haben eine Familie aus Frankreich zu Gast. Da war mir mein Französisch wichtiger.

Wenn man beim Abschreiben erwischt wurde:
Mein Nachbar wollte nur wissen, wie lange wir noch Zeit haben.

Wenn man beim Mogeln ertappt wird:
Ich blicke bei der Aufgabe nicht durch. Geht wohl allen so – hier schreibt jeder was anderes.

Wenn man zum drittenmal ermahnt wird, nicht dauernd das Mogeln zu versuchen:
Haben Sie eigentlich was gegen mich? Ich schreibe nicht ab – aber Sie haben ganz schöne Vorurteile.

Wenn man hörbar vor sich hin murmelt:
Ich bin's gewohnt, bei meinen Aufgaben daheim laut mitzusprechen.

Wenn man dem Nachbarin ins Heft schaut:
Ich wollte nur wissen, ob Moni die Aufgabe auch nicht verstanden hat.

Wenn man beim Spicken beobachtet wird und es rechtzeitig merkt:
Würde es Ihnen was ausmachen, mal woanders hinzuschauen? Ich kann mich überhaupt nicht konzentrieren, wenn Sie mich dauernd so anstarren.

Wenn man beim Quatschen ermahnt wird:
Mein Nachbar hat vielleicht Ideen! Will der sich jetzt mit mir über das gestrige Daviscup-Spiel unterhalten!

Wenn einem der Spickzettel aus der Hosentasche fällt:
Ich denke immer, man soll die Weisheiten anderer annehmen. Deshalb hab ich die wichtigsten Sachen aufgeschrieben.

Wenn man nicht aufgepaßt hat:
Sie sollten mich nicht so plötzlich ansprechen – jetzt bin ich so erschrocken, daß ich die Antwort vergessen hab.

Wenn man überraschend aufgerufen wird:
Ich denke gerade über Ihre interessante Frage nach – sollten wir das denn nicht?

Wenn man plötzlich an die Tafel soll:
Ich frage mich wirklich, wie Sie gerade auf mich kommen. Da hab ich ja vielleicht Glück – genau diese Aufgabe hatte ich gestern im Nachhilfeunterricht. Ich kann's also...

Wenn man keine Ahnung hat, wovon der Lehrer eigentlich spricht:
Ihr Unterricht ist mir einfach zu wenig mitreißend. Sonst würde ich nicht dauernd einschlafen.

Wenn man auf eine Frage antworten soll:
Mir geht's wie dem Boris Becker. Ich bin heute auch nicht mental drauf.

Wenn man von der Banknachbarin während des Tests angesprochen wurde:
Anna hat überraschend ihre Tage bekommen – sie wollte einen Tampon haben.

Wenn der Banknachbar ein Junge ist:
Sascha hat wieder einen Heuschnupfen. Er brauchte meine Tempotaschentücher.

Wenn man eindeutig beim Abschreiben ertappt wird:
Sonst erklären Sie uns immer, daß wir solidarisch sein sollen. Sind wir's dann mal, paßt's Ihnen auch wieder nicht in den Kram. Sie wissen auch nicht, was Sie eigentlich wollen, oder?

Wenn man beim Spicken auf frischer Tat ertappt wird:
Ich wollte nicht auf Ihre Benotung warten. Ich wollte jetzt gleich wissen, ob alles richtig ist.

Wenn man sich vom Banknachbarn einsagen läßt:
Ich bin in einer Therapie wegen meiner Schulschwächen. Da sagen die immer, man soll anderen helfen und auch deren Hilfe annehmen.

Wenn man beim Schuleschwänzen erwischt wird:
Haben Sie uns gestern nicht gesagt, heute wäre Zeugniskonferenz? Ich hab gedacht, dazu brauchen Sie bestimmt den ganzen Tag. Konnte ja nicht ahnen, daß Sie so schnell sind mit meinen Noten...

Ich habe einen Termin bei Gericht. Bin Jugendschöffe, und heute ist ein besonders schwerer Fall dran: ein chronischer Schuleschwänzer.

Seit dieser Dauerdiskussion, welche Feiertage eingespart werden sollen, um die deutsche Einheit zu bezahlen, weiß ich nicht mehr: Ist jetzt Werktag oder nicht?

Ich bin auf dem Weg zur Volkshochschule. Denn was Sie einem beibringen, kann ich schon längst.

Ich bin vor kurzem zum Hindusmus übergetreten. Heute feiern wir das Fest des Gottes Krischna. Und die Feiertage muß man ja wohl heiligen, oder?

Wenn man einfach maulfaul ist:
Ich mag heute gar nichts reden. Ich denke lieber mit.

Wenn die Klassenkameraden sich über den Ferienjob lustig machen:
Irgendjemand muß ja dafür sorgen, daß ihr hier im nächsten Jahr auch Knete machen könnt.

Wenn die Schulfreunde über das Leistungsdenken lästern:
Mir würd's auch mehr Spaß machen, erst mit 50 Geld zu verdienen. Aber leider will ich mir schon im nächsten Jahr ein Auto kaufen.

Wenn die Eltern mit der Berufswahl überhaupt nicht einverstanden sind:
Na gut, na gut. Dann gebt mir die Kohle, die ich dort verdiene – und ich höre sofort auf.

Ausreden im Berufsleben

Wenn Sie im Büro beim Nichtstun erwischt werden:
Ich weiß gar nicht, was Sie wollen. Dafür haben wir hier ein Spitzenbetriebsklima, oder?

Wenn Sie einen Auftrag liegen lassen:
Ich hab gedacht, Sie hätten gescherzt. Das sollte wirklich noch gestern raus?

Wenn Sie zum drittenmal am Vormittag in der Teeküche stehen:
Sie sollten froh sein, daß ich mich hier aufhalte. An meinem Arbeitsplatz herrscht ein einziges Chaos.

Wenn Sie gegen 14.30 Uhr schon auf dem Heimweg sind:
Ich bin mit meiner Arbeit durch. Außerdem hab ich diese Woche Gleitzeit.

Wenn Sie beim Büroklatsch was erzählt haben:
Wem vertrauen Sie mehr? Mir oder Herrn/Frau ...?

Wenn Sie was Geheimes verraten haben:
Das kann ich gar nicht gewesen sein. Davon hab ich gar nichts gewußt.

Wenn Sie »Interna« ausgeplaudert haben:
Was heißt denn hier »Interna«? Das hat man mir unsere Konkurrenz auf der Messe im letzten Frühjahr schon erzählt.

Ich hab gedacht, Sie hätten gescherzt.
Das sollte wirklich noch gestern raus?

Wenn Sie ausgiebig Zeitungspause machen:
Information ist alles. Deshalb lese ich auch immer den Wirtschaftsteil in unserer Zeitung.

Wenn Sie immer noch Frühstückspause machen:
Meine Grünpflanzen müssen auch mal gepflegt werden – wie sähe das denn sonst hier aus?

Wenn Sie mal was nicht erledigt haben:
Das war nur ein Test, Chef. Ich wollte mal wissen, ob Sie das merken.

Wenn Sie wieder mal an allem schuld sind:
Immer auf die Kleinen! Immer auf mich! Sie wollen doch nur von Ihren eigenen Fehlern ablenken!

Wenn ein Kunde sich beschwert:
Was wollen Sie denn – die Firma XYZ hat sich beschwert? Die sind doch bloß sauer, weil ich ihre Rechnung angemahnt habe.

Wenn die Abteilungskosten in die Höhe schnellen:
Nun haben Sie sich mal nicht so – Sie können doch eh alles steuerlich absetzen.

Wenn der Kollege Sie bei einem Fehler erwischt:
Sie sind doch bloß froh, daß Sie das nicht bearbeiten mußten. Aber das hätte man Ihnen ja auch gar nicht gegeben.

Wenn Sie schon wieder in der Kantine gesichtet werden:
Sie sollten froh sein, daß ich überhaupt noch hier bin. Wenn ich was arbeite, mach' ich es Ihnen ja auch nicht recht.

Wenn Sie Ihre Mittagspause bis 15 Uhr ausdehnen:
Ich sitze hier bequemer als auf dem alten Bürostuhl. Apropos: Wollten Sie nicht mal neue Möbel bestellen?

Wenn Sie die Beine gerade auf den Schreibtisch gelegt haben:
Dabei soll tierisch das Blut in den Kopf fließen und die Denkarbeit verbessern. Haben Sie das nicht gewußt?

Wenn Sie entspannt am Schreibtisch lümmeln:
Pause? Ja, natürlich mach ich gerade eine Pause. Sie doch wohl auch, oder? Oder warum sonst stehen Sie hier herum?

Wenn Sie einen Job haben, über den Ihre Bekannten die Nase rümpfen:
Habt euch bloß nicht so. Ich studiere dort das Leben – so wie Wallraff damals bei BILD.

Wenn Sie beim Chef wegen der Gehaltserhöhung vorstellig werden:
Eigentlich arbeite ich ja für zwei – für meine Frau/meinen Mann und mich.

Wenn Sie dringend mehr Geld haben wollen:
Wenn Sie ehrlich sind, Boss: Mir steht wenigstens die Hälfte Ihres Gehalts zu, oder?

Wenn Sie noch immer weniger verdienen als Ihr Kollege:
Ach, wissen Sie, ich denke, ich hab hier ja ganz klein angefangen. Aber ich möchte eigentlich nicht auch noch klein aufhören müssen.

Wenn Sie mit dem Computer nicht klarkommen:
Das steht wieder mal alles nicht im Handbuch.

Wenn Ihnen das keiner glaubt:
Jemand hat sich mein Handbuch ausgeliehen – ich weiß nicht, wer's hat.

Wenn Sie etwas ausdrucken wollen:
Das macht bei uns immer Herr M.

Wenn das Programm abstürzt:
Vorher – gerade eben – hat noch alles funktioniert.

Wenn Sie nach der x-ten Computerschulung immer noch nicht Bescheid wissen:
Mir hat niemand erklärt, daß diese Tastatur ganz anders ist.

Ausreden im Privatleben

Wenn Sie angeheitert nach Hause kommen:
Anfangs hast Du meine legere Art immer so gern gehabt – und hast auch mal einen mitgehoben. Du liebst mich nicht mehr…

Wenn Sie ein Bierchen über den Durst getrunken haben:
Intelligenz säuft. Wieso bist du eigentlich immer so nüchtern?

Wenn Sie bei einem verkrachten Pärchen erfolglos Frieden stiften wollen:
Tut mir leid. Ich wußte echt nicht, daß eure Versöhnung so kurz gedauert hat.

Wenn Sie bei anderen einen Drink schnorren wollen:
Haben Sie das Bierchen eigentlich nicht gekriegt, das ich Ihnen vorher bestellt hab'? Wie auch immer: Jetzt sind Sie mal mit einer Runde dran, gell!

Wenn Sie einen Zug durch die Gemeinde gemacht haben:
Stell dir vor, in der Kneipe gab's 100 Biersorten. Wir haben aber bloß 33 geschafft.

Wenn Sie alleine einen heben mußten:
Mit dir wär's lustiger gewesen. Schade, daß du nicht dabei warst. Deshalb habe ich mich auch so zugeschüttet.

Wenn der Vater mit dem Sohne einen trinken war:
Hätt' ich mich von unserem Jüngsten unter den Tisch saufen lassen sollen? Also – das ging nun wirklich nicht. Das mußt du doch einsehen.

Wenn ein überzeugter Single den Freunden seine bevorstehende Hochzeit erklärt:
Auf die Dauer ist eine Ehe einfach billiger. Was glaubt ihr, was ich in den letzten Jahren an Werbungskosten hatte?!

Oder so:
Nur mit Heirat kann ich in der Firma was werden. Deshalb heirate ich ja auch die Tochter meines Chefs.

Oder:
Stellt euch vor, mein/e Zukünftige/r schwimmt nur so in Geld. Soll ich ihn/sie das alleine verprassen lassen?

Oder:
Ehe ist überhaupt nicht spießig. Ich bin eben wie Liz Taylor – ohne Heirat läuft bei mir nix.

Und so weiter und so fort. Sicher gibt es tausend Situationen, in denen man Ausreden wie die auf den letzten Seiten beschriebenen brauchen kann. Ebenso sicher ist aber, daß wir hier nicht alle aufzählen können. (Merken Sie was...?)

Lassen Sie uns nun etwas ins Detail gehen und zu Ausreden für besondere Lebenslagen kommen. Die meisten Ausreden braucht man sicherlich im täglichen Miteinander zwischen IHR und IHM. Also: Öffnen wir die Beziehungskiste...

Kapitel 2

»Ich konnte nichts dafür, daß ...«

Ausreden für Beziehungskisten

Ob's die erste Schülerfreundschaft ist oder eine langjährige Ehe: In den meisten sogenannten »Beziehungskisten« tun hin und wieder Ausreden not. Zum Beispiel dann:

✻ Sie haben den Abend mit Kollegen in der Kneipe verbracht, während Ihre liebe Frau mit dem Abendessen wartete? Peinlich, wenn Ihnen da keine gute Ausrede einfällt.
✻ Ihnen ist's schon zum drittenmal passiert, daß Sie das Lieblingshemd Ihres Mannes zusammen mit den roten Socken gewaschen haben? Da müssen Sie dem Zorn des Göttergatten mit handfesten Argumenten begegnen können.
✻ Für Ihre Schwiegermutter fällt Ihnen kein Geburtstagsgeschenk ein? Dann sollten Sie zu den Vorwürfen Ihrer Gattin gut vorbereitet Stellung nehmen.
✻ Leider haben Sie beim gemischten Doppel mit dem Chef Ihres Mannes und dessen Gattin nichts Besseres zu tun gehabt, als das Match zu gewinnen. Dabei sollten Sie wissen, daß der Boss Ihres Mannes es nicht ausstehen kann zu verlieren! Wie nun dem drohenden Krach begegnen?

Man sieht schon: Täglich müssen Sie sich aufs neue der Gefahr stellen, daß Sie Ihrem Lebensgefährten etwas »antun«. Sie mögen sich dessen gar nicht bewußt sein. Sie haben in Ihren Augen keinen Fehler gemacht. Aber das sieht der/die Ihre ganz anders.
Eine winzige Kleinigkeit kann zu einem Krach führen, der sich gewaschen hat. Der Streit ist so laut, daß die ganze Nachbarschaft der näheren und ferneren Umgebung an

Ihrem Ehe»glück« teilhaben kann. Ganz zu schweigen von den lieben Schwiegereltern, die – so es sich um einen Fehler des Ehemannes handelt – sofort informiert werden. Wohingegen Fehler der Ehegattin eher zu einem ausgedehnten Kneipenbummel führen, den die Zechgenossen mit dem kargen Kommentar »Wohl Ärger daheim?!« begleiten.

Natürlich wollen Sie nach der ersten Erregung alles einrenken. Noch besser allerdings, wenn Sie schon vorher überlegen, wie Sie das anhand einer wohl durchdachten Ausrede tun.
Jedoch: Eine gute Ausrede benötigt oftmals Zeit – und die haben Sie bei dem überfallartig auftretenden Krach vielleicht gar nicht zur Verfügung.
Um so besser – jetzt können Sie, nachdem es sowieso schon gekracht hat, in Ruhe überlegen, wie Sie sich aus der ganzen Sache wieder herauswinden (deshalb haben Sie ja auch dieses Buch zur Hand genommen!).

Die Entfremdung zwischen Ihnen beiden soll ja nicht eskalieren – im Gegenteil. So liegt es nahe, beim Ehegespons – ganz gleich, ob männlichen oder weiblichen Geschlechts – eine Methode der Ausrede zu wählen, die Sie als wahres Unschuldslämmlein dastehen läßt. Das kann man mit ein paar einleitenden Worten schon erreichen: »Ich konnte einfach nichts dafür, daß ...«.

Sie haben nun allerdings die manchmal gar nicht so leichte Aufgabe, für Ihr Vergehen einen Sündenbock zu benennen. Das kann ein Kollege sein, der Sie zu einer Sauftour überredet hat, oder der Chef, der Ihnen wieder mal Überstunden aufdrängte. Hauptsache ist jedenfalls, daß Sie jemanden oder etwas haben, der die Schuld auf sich nimmt. Doch Vorsicht: Falls Sie einen lieben Mitmenschen in eine Sache einbeziehen, sollte dieser eingeweiht sein. Er oder sie sollte jeglicher Überprüfung durch einen mißtrauischen Lebensgefährten standhalten. Oder noch besser: Er sollte uner-

reichbar sein. Die Geschäftszentrale in New York oder Sapporo, der durchgedrehte Kollege in der geschlossenen Anstalt, die alternative Sekretärin, die gerade nach Australien ausgewandert ist – da steckt ungeheuer viel Ausredenpotential dahinter.
Man weiß nämlich nie, zu welch peinlich genauen Nachforschungen der liebe Partner sich hinreißen läßt. Und wenn herauskommt, daß die Ausrede eine solche war – dann ist's allerdings zappenduster. Dann müssen Sie sich wirklich was einfallen lassen. Aber soweit muß es ja nicht kommen. Denn hier haben Sie erst mal eine ganze Sammlung guter Ausreden für alle möglichen Gelegenheiten. Wir haben in diesem besonderen Fall nach Geschlechtern getrennt. Was nicht heißen soll, daß im Zeichen der Emanzipation die Ausreden nicht auch andersherum angewandt werden können. Es gibt ja auch Hausmänner und Karrieristinnen:

Ausreden für IHN

Wenn ER vorgibt, daß er sie stundenlang erreichen wollte:
Ich hab' bestimmt zehnmal versucht, anzurufen. Aber du warst dauernd besetzt. Vielleicht lag der Hörer nicht richtig auf der Gabel.

Wenn ER von unterwegs nicht angerufen hat:
Diese Chaoten sind wirklich überall: Ich bin bei fünf Telefonzellen vorbeigefahren – alle waren demoliert. Und als ich endlich eine fand, die funktionierte, stellte ich fest, daß meine Telefonkarte leer war.

Wenn ER kratzbürstig ist:
Ich weiß, ich bin gereizt und ungerecht zu dir. Aber deine feministischen Geschlechtsgenossinnen haben mir heute den letzten Nerv geraubt.

Wenn ER – obwohl Morgenmuffel – schon frühmorgens zum Reitstall geht:
Das muß sein. Wir haben einen neuen Kunden, der ein totaler Pferdenarr ist. Fräulein Rittich vom Reitclub ist so nett und vermittelt mir die nötigen Grundkenntnisse.

Wenn ER abends noch mal weg will:
Ich muß mit dem Klaus mal ein paar Finanzdinge besprechen, und das ist ja nichts für dich – ich denke da nur an dein Haushaltsbuch.

Wenn ER mal dringend mit einem Freund ein Bier trinken muß:
Ich glaub', ich hab' meinen Geldbeutel in der Firma vergessen. Und da sind die Kinokarten für uns beide drin.

Wenn ER sich mit Freunden verabredet hat:
Das muß mal sein, und in der Kneipe geht das besser. Ich möchte nicht, daß du dich so langweilst wie ich mich gestern abend bei dem Häkelmuster-Gespräch mit Brigitte.

Wenn ER erst um ½3 Uhr morgens nach Hause kommt, auf IHRE Frage:
»War das Auto wieder kaputt? Die Batterie leer? Oder hat wieder mal das Benzin gefehlt?«:
Ich hatte einfach Durst!

Wenn ER plötzlich keinen Appetit mehr auf sein Lieblingsessen hat:
Ich glaube, wir müssen beim Kochen umdenken. In der Kantine nehmen jetzt schon 80 Prozent der Kollegen die gesundheitsfördernde Vollwertkost.

Wenn ER schon wieder Heimwerker spielt:
Du weißt, Onkel Albert hat Geburtstag. Ich bastle ihm was Schönes.

Eigentlich liebe ich ja meinen Bauch.
Aber weißt du, die wirklich schicke neue Herrenmode
hört halt bei Größe 50 auf.

Wenn ER ihre Pflanzen im Urlaub verkommen läßt:
Du, da war mein Unterbewußtsein am Werk. Diese Dinger stehen jetzt schon seit 15 Jahren an derselben Stelle in der Wohnung. Jetzt, wo sie wegmüssen, können wir doch unser Ambiente völlig neu gestalten.

Wenn ER den Kanarienvogel seiner Schwiegermutter entfliegen läßt:
Ich bin seit gestern bei den autonomen Tierschützern. Auch Kanarienvögel wollen frei sein.

Wenn ER das Geschenk für ihre Mutter vergessen hat:
Also jetzt reg' mich nicht auf! Es ist doch deine Mutter!

Wenn ER partout nicht beim Hausputz helfen will:
Ich habe da letztens eine ganz tolle Küche gesehen. Wollen wir uns die nicht mal anschauen?

Wenn ER den ganzen Abend vor der Glotze hockt:
Also reg' dich nicht auf! Ich warte die ganze Zeit auf den angekündigten Geschenke-Ratgeber. Was kann ich dafür, wenn die aus aktuellem Anlaß Fußball senden?!

Wenn ER zu oft im Hobbykeller verschwindet:
Ich weiß nicht, was du hast. Es hat dich viel Überwindung gekostet, mir diesen Kellerraum abzutreten. Jetzt muß er auch genutzt werden.

Wenn ER einen ausgeprägten Spieltrieb hat:
Also gut, wenn ich dir zu oft im Keller bin, kommt deine Bügelmaschine wieder runter. Aber meine Elektro-Eisenbahn wird dann im Wohnzimmer aufgebaut.

Wenn ER – weswegen auch immer – verdächtigt wird:
Sooo vertraust du mir also? Das ist ja reizend!

Wenn ER plötzlich Liebesgedichte liest:
Das hat was mit Walter Jens zu tun. Der hat neulich in einer Fernsehdiskussion die Spracharmut beklagt. Und wo ist die Sprache beredter als in Liebesdingen?!

Wenn ER überraschend Blumen geschenkt bekommt:
Also, das find' ich jetzt nett. Da ist das Fräulein Wohlfeil schon fünf Jahre in meinem Sekretariat – und jetzt denkt sie an meinen Geburtstag.

Wenn ER ein duftendes Brieflein erhält:
Es ist nicht zu glauben, was der Kosmetikindustrie bei ihrer Werbung alles einfällt. Jetzt schicken sie schon parfümierte Briefe mit handgeschriebener Adresse!

Wenn ER nach einer Geschäftsreise plötzlich ein neues Rasierwasser benützt:
Weißt du, Liebling, im Duty free-Shop auf dem Flughafen hatten sie dieses neue Produkt mit einem tollen Einführungsangebot.

Wenn ER seit neuestem auf seine Figur achtet:
Eigentlich liebe ich ja meinen Bauch. Aber weißt du, die wirklich schicke neue Herrenmode hört halt bei Größe 50 auf.

Wenn ER seiner Gattin das Doppelzimmer im Hotel erklären muß:
In diesem Schuppen wohne ich nie wieder. Stell' dir vor, wir hatten für Meier und mich zwei Einzel gebucht – die hatten dann aus Versehen ein Doppelzimmer reserviert. Und Meier schnarcht – kein Auge hab' ich zugetan.

Wenn ER fremde Haarklammern im Auto erklären muß:
Nicht, daß du was Falsches denkst, aber auf dem Weg zur Pressekonferenz habe ich Kollegin Träuflein überzeugt, vielleicht dort doch nicht mit dem Dutt aufzutreten.

Wenn ER nach der Geschäftsreise mit einem fremden Seidentuch im Koffer ertappt wird:
Daß du immer so neugierig sein mußt! Dieses Tuch hat mich so begeistert, daß ich es dir zu Weihnachten (Geburtstag/Hochzeitstag) schenken wollte. Weil ich morgen in den Laden wollte, war Fräulein Weinlaub so nett, mir ihres als Muster mitzugeben.

Wenn ER absolut in der Defensive ist:
Ich war bei Onkel Reiner. Stell dir vor: Der hat gesagt, wenn ich mich scheiden lasse, ist's aus mit dem Alleinerbe. Können wir auf eine Million verzichten?

Wenn ER sie für ein paar Tage loswerden möchte:
Ich finde, du hast dir mal ein paar Tage mit deinen Kegelfreunden verdient. Warum fahrt ihr nicht mal weg?

Ausreden für SIE

Wenn SIE musikalisch ist:
Ich habe mit Peter lediglich ein Konzert eingeübt.

Wenn SIE einen Künstler getroffen hat:
Michael ist Maler. Ich kenne ihn schon seit meiner Schulzeit – da konnte ich ihm die Bitte nicht abschlagen, Modell zu stehen. Aber glaub' mir: Akt im Studio – etwas Öderes gibt es nicht...

Wenn SIE einen alten Freund getroffen hat:
Wie – fremdgehen? Sascha kenne ich schon aus dem Kindergarten.

Wenn SIE eine neue Sportart ausprobiert:
Schatzi, ich finde, unsere alten Sportsfreunde sind nur noch am Saufen. Ich möchte mal was Neues ausprobieren. Und wirklich chic ist eben nur Golf...

Wenn SIE sich langweilt:
Du läßt dir einfach nichts Neues einfallen. Nimm das aber bitte nicht persönlich.

Wenn SIE seinen besten Freund nicht ausstehen kann:
Ich hab' ja nichts gegen Klausi – aber nach dem zweiten Glas Wein versucht er immer, mit mir zu flirten. Dir entgeht das natürlich!

Wenn SIE tagsüber wieder mal nicht erreichbar war:
Weißt du, Schatz, wenn du nicht da bist, ist die Wohnung so öde und leer. Da bin ich lieber in der Stadt spazieren gegangen.

Wenn SIE schön sein will:
Die Quark-Kleie-Maske hab ich nur wegen dir aufgetragen. Du bist doch auf dem Öko-Trip!

Wenn SIE ihren Kosmetiktick erklären soll:
Also hör' mal, mein Lieber: besser die Scheiben einer Gurke auf dem Gesicht als eine ganze in demselben.

Wenn SIE statt Kohlrouladen verkohlte Rouladen fabriziert hat:
Das ist eine ganz dumme Geschichte. Mitten im Kochen haben die den Strom abgedreht. Ich bin nur schnell einkaufen gegangen, aber dann war's passiert – der Strom war längst wieder angestellt.

Wenn SIE sein Lieblingsgericht anbrennen ließ:
Alles war gut, es schmorte wunderbar vor sich hin. Aber dann hat deine Freundin Karla angerufen.

Wenn SIE nichts zu essen auf den Tisch bringt:
Liebling, es tut mir leid, aber ich hatte mich so in das Kochbuch vertieft, das du mir geschenkt hast. Als ich wußte, was ich kochen wollte, hatten die Geschäfte schon geschlossen.

Wenn SIE keine Lust zum Kochen hatte:
Ich dachte, du ißt heute mit Geschäftsfreunden.

Wenn SIE das Lieblingshemd in der Wäsche verfärbt hat:
Du hast mir mal gesagt, daß man Prioriäten setzen muß. Dein weißes Hemd und mein roter Jogginganzug hatten gleiche Priorität bei der Wäsche – und das ging leider schief.

Wenn SIE seinen heißgeliebten und uralten Norwegerpulli zur Kleidersammlung gegeben hat:
Sonst machst du auch immer auf chic, mit deinem Armani-Jackett. Willst du wirklich, daß man dich für einen Öko-freak hält?

Wenn SIE ihn bei der Mittagsruhe stört:
Natürlich hätte das auch warten können, aber beschwer' dich jetzt bitte nicht, wenn ich heute abend zu müde bin!

Wenn SIE ihn zum fünften Mal in der Firma anruft:
Ich weiß, ich soll dich nicht so oft stören. Aber ich suche verzweifelt nach deinem zweiten Manschettenknopf mit den Wappen. Kann es sein, daß du den irgendwo verloren hast?

Wenn SIE wieder mal Migräne hat:
Das darfst du nicht falsch verstehen. Meine Migräne hat nichts mit dir zu tun. Sie ist das Resultat der vielen kleinen Tagesärgernisse, von denen du ja im Büro nichts mitbekommst.

Wenn SIE das Geschenk für seine Mutter vergessen hat:
Das ist mein Unterbewußtsein. Du weißt ganz genau, wie sie sich hintenrum über mein letztes Geschenk aufgeregt hat.

Wenn SIE kein Weihnachtsgeschenk für ihre Schwiegermutter findet:
Ich kann ihr nichts schenken, weil sie immer sagt, ich hätte dich ihr weggenommen. Ein Geschenk wäre ja dann so etwas wie eine versuchte Wiedergutmachung.

Wenn SIE seit neuestem teure Dessous trägt:
Ich weiß nicht, was du hast. An meinem Bekenntnis zu Naturprodukten hat sich durch den Wechsel von Baumwolle zu Seide nichts geändert.

Wenn SIE die überhöhte Telefonrechnung erklären soll:
Ich kann es mir nicht genau erklären, aber das muß mit den Service-Telefonnummern zusammenhängen, die da immer im Fernsehen eingeblendet werden.

Wenn SIE plötzlich die erlesensten Rotweine kauft:
Das hat überhaupt nichts mit dem Besuch von Karl Heinz zu tun. Das mußt du unter rein gesundheitstechnischen Gesichtspunkten sehen. Rotwein hilft gegen Herzinfarkt!

Wenn SIE ohne erkennbare Kontobewegungen ein irrsinnig teuer aussehendes Kleid hat:
Du, das war eine sagenhafte Gelegenheit. Jutta hat mir bei meinem Besuch in Frankfurt einen Geheimtip gegeben: einen Second-Hand-Shop der Promis.

Ausreden für BEIDE

Wenn ER/SIE einfach Erholung braucht:
Zeig' mir bitte eine Partnerschaft, die nicht den Partner schafft.

Wenn IHM/IHR der Karrieretrip vorgeworfen wird:
Du weißt doch, wie's momentan läuft. Unser Chef kann einfach nicht auf mich verzichten.

Wenn ER/SIE beim gemischten Doppel gegen seinen/ihren Chef gewinnt:
Das hätte ich nie gedacht, daß die Schläger aus dem Supermarkt so gut sind.

Wenn ER/SIE mal ein paar Tage alleine verreisen will:
Ich bin in der nächsten Woche auf Computer-Schulung. Ich bin der/die letzte – alle anderen waren schon.

Wenn ER/SIE angeblich nicht telefoniert hat:
Das muß an unserem Telefonapparat in der Firma liegen. Die bauen gerade ein neues System ein.

Wenn ER/SIE mal ausbrechen will:
Hatten wir uns nicht versprochen, daß wir uns gegenseitig nicht einengen wollen? Also gut: Jetzt will ich mal raus!

Wenn ER/SIE keine kulinarischen Ambitionen hat:
Du weißt, ich möchte bei der Kocherei nicht im Weg herumstehen.

Wenn ER/SIE niemanden vergrätzen will:
Überall tauchen wir nur noch zu zweit auf. Alle Freunde lästern schon drüber – ich emanzipiere mich jetzt und geh allein in die Kneipe.

Genug der Ausreden für Beziehungskisten. Anregungen haben Sie jetzt hoffentlich genug bekommen. Außerdem können wir nicht alle Situationen durchspielen und unseren gesamten Erfahrungsschatz der geschätzten Leserschaft offenlegen. Aber nichts für ungut: Dafür helfen wir Ihnen im 3. Kapitel bei einem anderen Problem auf die Sprünge: Hier geht es ebenfalls um die Liebe – und zwar um diejenige, die durch den Magen geht.

Kapitel 3

»Vorbeugen ist besser ...«

Ausreden für Hunger- und Kochkünstler

Kennen Sie das auch? Sie haben sich endlich entschlossen, ein paar Kilos abzuspecken. Aus dieser Nummer kommen Sie auch nicht mehr heraus. Denn leider haben Sie Ihren Entschluß im Familien- und Freundeskreis lautstark von sich gegeben. In der festen Überzeugung natürlich, energischen Widerspruch zu ernten. Leider blieb der diesmal (warum nur, um Himmels Willen?!) aus. So bleibt Ihnen nur die vage Hoffnung, daß

- Sie bei der lieben Familie Unterstützung haben;
- die »guten Freunde« (hahaha!) Sie nicht verführen;
- der innere Schweinehund Sie nicht zu sehr plagt;
- Sie demzufolge Ihre Diät – »ganz bestimmt!« – durchhalten;
- Ihr schlechtes Gewissen diesmal also sicher ausbleibt.

Sie müßten es zwar eigentlich besser wissen, aber irgendeine Motivation für den 23. Diätversuch muß man ja haben. Vor allem, wenn der/die Liebste Sie sanft, aber nachdrücklich darauf hinweist, daß etwas weniger Pfunde eben rein optisch gesehen mehr hermachen würden.

Nur deshalb geben Sie sich ja wieder mal einen Schubs. Nur deshalb starten Sie wieder einmal seufzend in die kargen Tage und Wochen einer Abmagerungskur.

Nun also

- kasteien Sie sich mit Gemüse, obwohl Ihnen beim Anblick saftiger Steaks das Wasser im Munde zusammenläuft;
- trinken Sie das gesunde, aber leider so langweilige und gar nicht sprudelnde Mineralwasser;

Ich will einfach nicht wie eine Bohnenstange aussehen.

* schlucken Sie morgens und abends widerlich schmeckenden Entschlackungstee, der aber »soo gesund« ist;
* schwitzen Sie auch zur Sommerszeit in der Sauna;
* trimmen Sie sich fit und schlank im Sportstudio;
* joggen Sie jeden Morgen in aller Herrgottsfrühe mit dem Familienhund im Park (was außer dem Hund wirklich niemanden freut. Der wedelt zwar, der Rest der Familie hat jedoch unter der schlechten Laune des frühaufstehenden Sportlers gräßlich zu leiden!).

Natürlich kommt es, wie es kommen muß:
* Der ersten Versuchung nach einem halben Hungertag widerstehen Sie – mannhaft bzw. weiblich stur. Sie wissen, was Sie sich schuldig sind.
* Der zweiten Versuchung nach einem ganzen Diättag blikken Sie getrost ins Auge. Sie ärgern sich aber bereits, daß Sie ausgerechnet zu diesem Zeitpunkt zu hungern angefangen haben.
* Die dritte Versuchung – »nur ein Gläschen Champagner, meine Liebe! Ist doch nur wegen deinem Kreislauf!« – ist schon wesentlich schwerer zu überwinden. Schließlich fühlen Sie sich nach 36 Stunden Diät einerseits zwar stark, andererseits ist nichts so langweilig wie Mineralwasser, wenn man es trinken muß. Von anderen »Genüssen« ganz zu schweigen.
* Die vierte Versuchung – nach etwas zwei Tagen – überstehen nur Menschen, die wirklich ganz besonders stur sind oder aber auf einer einsamen Insel (bildlich gesprochen!) leben. Diese Insel kann z.B. der Aufenthalt in einer Fastenklinik sein, wo Sie von resoluten Ärzten bewacht nicht den Hauch einer Chance haben, das nächstgelegene Gasthaus aufzusuchen. Was allerdings die obligatorischen Nobel-Cafés in unmittelbarer Nähe derartiger Fastenkliniken zu suchen haben, ist uns bis heute ein Rätsel. Der Umsatz an opulenten Crèmetorten soll dort gewaltig sein …
* Der fünften Versuchung erliegen denn auch die meisten. Sie glauben ja nicht, wie erfinderisch der Mensch wird,

wenn es an seine ureigenen Bedürfnisse – und dazu gehört nun mal das Essen – geht. Kein Zaun um eine Abspeckklinik ist zu hoch, keine Ladenschlußzeit oder Sperrstunde wird den Hungernden zu diesem Zeitpunkt hindern, sich was Eßbares zu besorgen (»Hat nicht der Bahnhofskiosk länger auf?«).

Etwa fünf Minuten nach der Freßorgie fühlen Sie sich bestens. Sie jubilieren. Lächeln selig wie ein satter Säugling. Das Leben ist wieder schön und lebenswert.
Dann erwischt Sie leider das schlechte Gewissen – bei der wohligen Verdauung, sozusagen »auf frischer Tat«. Wenn's nur das schlechte Gewissen ist, haben Sie Glück gehabt. Was aber, wenn einen der/die Gatte/in in flagranti ertappt? Deshalb: Bleiben Sie standhaft – und ohne Diät. Aber mit den folgenden Ausreden aus allen Bereichen des menschlichen Lebens.

Sie weisen auf kulturelle Güter hin:
Bei ganz vielen Völkern gilt ein dicker Bauch als Zeichen für Glück und Reichtum.

Sie blicken auf die Finanzen:
Wenn ich abnehme, paßt mir meine Garderobe nicht mehr – und dann geh' ich aber wirklich mal shopping. Kann ich für diesen Fall deine Kreditkarte haben?

Sie stehen im Streß:
Ich bin einfach ein Streßesser. Gut – dann wechsle ich eben den Job. Schau schon mal nach den Stellenangeboten!

Sie achten auf Ihre Linie:
Ich will einfach nicht wie eine Bohnenstange aussehen.

Sie sind modisch up to date:
Dünne sind schon lange out. Sogar Claudia Schiffer hat einen richtigen Busen, wie man seit dieser Foto-Affäre weiß.

Sie argumentieren gefühlvoll:
Ich lebe aus dem Bauch heraus. Bin kein Kopfmensch – und bis jetzt warst du darüber glücklich.

Sie vermitteln Zärtlichkeit:
Sei ehrlich – es gibt nichts Schöneres, als sich an meinen Bauch zu kuscheln.

Sie haben eine Spitzenköchin zur Frau:
Ich kann Monas Kochkünsten einfach nicht widerstehen.

Liebe geht durch den Magen:
Heinz verwöhnt mich jeden Abend mit den erlesensten Lekkerbissen. Soll ich da nein sagen?

Sie unterstützen die Telekom:
Ich nehme das Telefon ab – das reicht.

Sie sind wissensdurstig:
Ich wollte mal testen, bis zu welcher Größe man Jeans bekommt. Der Versuch ist noch nicht abgeschlossen.

Sie machen nur Kurzurlaube:
Wir fahren nur für zehn Tage nach Ibiza. Das lohnt keine Abmagerungskur.

Sie sind musisch begabt:
Schauen Sie sich mal Pavarotti an – ich singe schließlich auch schon im Kirchenchor.

Sie wollen Wasser sparen:
Beim Baden muß ich die Wanne nie ganz voll machen. Und beim Duschen bekommt mein Bauch mehr Wasser ab als bei einem Dünnen.

Sie haben esoterische Anwandlungen:
Vielleicht bin ich ja eine Inkarnation von Buddha. Oder von einem Fesselballon.

Sie müssen Eindruck schinden:
So ein dünner Hänfling wirkt doch überhaupt nicht. Erst der Bauch macht einen Mann.

Sie arbeiten als Tester/in für Personenwaagen:
Zur Zeit untersuchen wir, wieviel eine gute Waage aushalten muß. Da darf ich kein Gramm verlieren.

Oder für Personenwagen:
Wir müssen das zulässige Gesamtgewicht ermitteln. Und mit mir am Steuer erspart sich das Unternehmen glatt den Beifahrer.

Sie geben alles zu:
Na und – ich esse und trinke eben gerne! Dafür hab ich auch immer gute Laune.

Sie lieben den Luxus:
Sie glauben ja nicht, wie viele Kalorien Kaviar und Hummer haben. Vom Schampus ganz zu schweigen.

Sie sind ein Kriegskind:
Ich habe harte Zeiten erlebt. Das läßt sich eben nicht mehr vergessen – jede Diät erinnert mich an die Hungerzeit.

Sie können nichts übrig lassen:
Mich lieben alle Gastgeber. Bei mir bleiben keine Reste am Buffet übrig, die am nächsten Tag weggeschmissen werden müssen.

Sie sind süchtig:
Ich hab' als Kind niemals Schokolade essen dürfen. Das hole ich jetzt aber nach.

Sie sind ein Genießer:
Für mich ist das Ambiente wichtig. Das Essen selbst ist ja nur Beiwerk.

Sie sind vernünftig:
Plötzlich abzunehmen kann sehr gefährlich sein. Das kann zu einem Kreislaufzusammenbruch oder Schlimmerem führen. Möchtest du das etwa?

Sie lieben Ihre Frau/Ihren Mann:
Das kann ich ihr/ihm nicht antun.

Sie suchen nach einem Ersatz:
Früher hab ich ja geraucht wie ein Schlot.

Sie wollen drohen:
Du kannst es dir aussuchen: entweder essen oder rauchen.

Sie sind entsagungsvoll:
Ich kann ja wieder zu rauchen anfangen.

Sie haben einen Arzt konsultiert:
Abnehmen geht unheimlich auf den Kreislauf – und auf die Nerven.

Sie haben ein heimliches Leiden:
Ich esse kaum etwas – und trotzdem nehm' ich zu.

Sie ernähren sich einseitig:
Ich esse keine Süßigkeiten, ich trinke keinen Alkohol. Kann man nur von Bratwürsten dick werden?

Sie sind ein Gemütsmensch:
Ich war schon als Kind dick – ich hab mich daran gewöhnt.

Sie nehmen aus politischen Gründen nicht ab:
Wenn ich mir den Helmut Kohl anschaue – da hab ich noch einiges zuzusetzen.

Sie unterstützen die EG:
Wenn ich jetzt abnehme, wird der Butterberg noch größer. Das kann man nicht verantworten.

Sie sanieren den Staatshaushalt:
Ich esse mehr. Ich kaufe auch mehr. Also zahle ich auch mehr Steuern – da kann die Bundesrepublik nicht drauf verzichten.

Sie wollen Ihren Gastgeber erfreuen:
Eigentlich lebe ich ja diät – aber bei Ihnen schmeckt's so gut: Ich lasse mal einen Diättag ausfallen.

Sie wirtschaften clever:
Eine Hose wird nicht teurer, wenn man eine große Größe braucht.

Sie machen Karriere:
Ich bin eben bekannt dafür, daß ich alles aussitze.

Sie arbeiten ohne Hektik:
Wir Dicken sind nun mal belastbarer.

Sie sind nie nervös:
Meine Pfunde halten allen Ärger von mir ab. Und meine Nerven sind eben auch gut gepolstert.

Sie bringen Ihre Erfahrungen ein:
So eine Diät kann ja schlimme Folgen haben. Letztes Mal bin ich fast Amok gelaufen, als ich nur Sellerie essen durfte.

Sie wollen kein Lifting machen:
Ich kriege nicht so schnell Falten – bei mir ist alles gut gepolstert.

Sie möchten niemanden beunruhigen:
Nach jeder Diät werde ich für krank gehalten. Das kann ich meiner Familie nicht zumuten.

Sie gehen Ärger aus dem Weg:
Na warte, Bürschchen. Wenn ich einmal tief ausatme, bist du aber weggeweht.

Sie drohen umgekehrt:
Wenn ich tief einatme, habe ich dich quer vor der Nase hängen!

Sie bestellen ein richtiges Bier:
Alkoholfreies hat viel mehr Kalorien.

Sie müssen was dazuverdienen:
Nebenher mache ich Bauchtanz. Das kann ich als Dünne nicht.

Sie sind kein/e Süße/r:
Dabei esse ich doch kaum Zucker – vor allem nicht zur Schweinshaxe.

Sie wissen, was Sie tun:
Ich bin vom Typ und Charakter her schon kein/e Dünne/r. Dick steht mir einfach besser.

Sie haben einen Ödipuskomplex:
An allem ist meine Mama schuld. Die hat mich als Säugling falsch ernährt.

Sie streben eine Filmkarriere an:
Ich will als Double von Günter Strack arbeiten.

Sie suchen den Gegensatz:
Mein Mann/meine Frau braucht mich als Kontrast zu seiner/ihrer schlanken Figur.

Sie haben keinen Kummerspeck:
Das ist reines Freudenfett.

Sie werden ein kleines bißchen aggressiv:
Ich kann mich wenigstens kugeln vor Lachen – Sie können sich nur würfeln.

Sie sind Student:
Ich halte nichts von Sprichwörtern. Bei mir heißt's: Voller Bauch studiert recht gern.

Sie haben Selbstbewußtsein:
Ich bin jedenfalls kein Typ zum Buckeln.

Sie trauen sich was zu:
Ich habe wenigstens innere Werte.

Sie sind nicht arm:
Das ist ein Wohlstandsbauch!

Sie finden, alles ist relativ:
Ich bin nicht zu schwer, ich bin nur dreißig Zentimeter zu klein.

Nun haben Sie schon eine ganze Menge Ausreden, für den Fall, daß Sie keine Diät machen wollen. Oder die angefan-

gene Abmagerungskur nicht durchhalten können. Nun soll es ja nicht nur Hungerkünstler geben, sondern auch solche, die zwar ganz normal essen – und dies auch dürfen –, die aber eine unüberwindliche Abneigung dagegen haben, selbst stundenlang am Herd zu stehen.
Für diese »Kochkünstler« sind die nächsten paar Ausreden gedacht: Auf daß Sie – ganz gleich, ob Sie männlich oder weiblich sind – dem Küchendunst künftig schneller entkommen und Ihre Mahlzeiten im Lokal einnehmen dürfen.

Bringen Sie die Zeitfrage aufs Tapet:
Ich kann es mir einfach nicht leisten, stundenlang in der Küche zu stehen. In der Zeit kann ich zwei Pullover strikken.

Seien Sie im Streß:
Der Pizza-Schnelldienst kommt in zehn Minuten. So schnell schiebe ich nicht mal 'ne Tiefkühl-Pizza in den Backofen.

Planen Sie alles lange vor:
Bis ich alle Zutaten eingekauft und dann alles vorbereitet habe – da hab ich im Wienerwald schon das zweite Mal gegessen.

Seien Sie einfach unbegabt:
Gut, ich kann eben nicht kochen. Dafür trinke ich gern.

Suchen Sie Anschluß:
Daheim in meiner Küche habe ich keine Gesprächspartner. In der Kneipe dagegen ist wenigstens die Bedienung attraktiv.

Seien Sie ein wahrer Gourmet:
So gut wie Witzigmann kann ich natürlich nicht kochen. Was anderes schmeckt mir aber nicht – deshalb muß ich die eigene Küche meiden.

Stell dir vor, die Konserven habe ich selbst gekauft.

Denken Sie kapitalistisch:
Die Wirtschaft muß florieren – ich helfe nur dabei.

Legen Sie Ihren Arbeitgeber rein:
Wofür hab' ich ein Spesenkonto?

Seien Sie zur Not depressiv:
Mein Essen schmeckt ja sowieso niemandem. Da können wir gleich zum Italiener um die Ecke gehen.

Weisen Sie jeglichen Spott von sich:
Ja und? Ich hab einmal das Gulasch vermurkst. Jetzt gibt's eben nur noch Katzenfutter.

Lassen Sie sich nicht ausnutzen:
Bloß weil Ihr zu faul seid zum Kochen...

Sie haben keine Putzfrau:
Und wer räumt nachher den ganzen Abwasch weg?

Kurbeln Sie die Volkswirtschaft an:
Wo kämen wir hin, wenn jeder für sich selber kochen würde?! Man muß die Gastronomie unterstützen!

Sparen Sie nicht:
Bei ALDI für zehn Mark einkaufen – das kann jeder. Aber chic essen gehen – das können nur wir uns leisten.

Bleiben Sie nicht einsam:
Was habe ich in der Kneipe schon für nette Leute kennengelernt.

Haben Sie keinen Bock aufs Kochen:
Gehen wir zum Chinesen? Oder hast du Vorurteile?

Essen Sie gesund:
Gibt es was Gesünderes als die nouvelle cuisine mit ihren kleinen Portiönchen und den extra frischen Zutaten?

Verletzen Sie sich nicht:
Gestern erst hab ich gelesen, daß sich eine Hausfrau beim Dosenöffnen die Pulsader aufgeschnitten hat.

Spinnen Sie Büro-Intrigen:
Ich kann mir kein Essen von zu Hause mitnehmen. In der Kantine erfahre ich alles Wichtige aus der Firma.

Imponieren Sie Ihrem Chef:
Speisekarten kann ich in jeder Sprache lesen. Was darf ich Ihnen bestellen?

Geben Sie nichts zu:
Ich habe eine Kochtopf-Allergie. Ich kriege sofort Pickel, wenn ich einen Topf anfasse.

Geben Sie an:
Stell dir vor, die Konserven habe ich selbst gekauft.

Seien Sie beleidigt:
Seit du meine Kartoffelklöße als Tennisbälle benutzt hast, mag ich nicht mehr kochen.

Seien Sie auf dem sozialen Trip:
Ich finde, wir sollten den Türken unterstützen. Er muß mit seinem Lokal die ganze Familie durchbringen.

Verweisen Sie auf Ihre Kurzsichtigkeit:
Wie lange willst du mir noch vorhalten, daß ich neulich die Dosen mit der »Jägersuppe nach Gutsherrenart« und »Schappi« verwechselt habe?

Alles klar? Dann steht künftigen Besuchen im Lokal ohne vorherige Küchenbenützung wohl nichts mehr im Wege. Ist auch besser so für Ihre Ehe, Ihre Partnerschaft, Ihre Freundschaften. Denn man soll Streitpunkte ja von vorneherein meiden. Vor allem im Genußbereich. Und manch einer kann nur genießen, wenn er sich mit blauem Dunst umgibt. Deshalb ist den Rauchern das nächste Kapitel gewidmet.

Kapitel 4

»Ja, aber ...«

Ausreden für alle, die sich das Rauchen abgewöhnen wollen

Wie sagte schon Mark Twain?
»Es gibt nichts Leichteres als mit dem Rauchen aufzuhören. Ich selbst habe es schon einhundertsiebenunddreißigmal geschafft!«
Wie es Mark Twain ergangen ist, so ergeht es täglich vielen Millionen gebeutelter Raucher auf der ganzen Welt.
Also auch Ihnen:

✻ Sie kennen das Gefühl des schrecklichen Nikotinentzugs. Wie schlecht fühlt man sich da: fiebrig, gierig, jiepernd nach der nächsten Kippe! Der Kreislauf spielt nicht mehr mit, der gewohnte morgendliche Husten hat sich schon nach den ersten Tagen – oh Schreck! – gemildert.

✻ Sie sind unleidlich. Nicht nur Ihre Untergebenen, auch Ihre Kollegen meiden Ihre Gesellschaft. In der Kantine sitzen Sie seit neuestem allein am Tisch.

✻ Sie sind ungeduldig. Alles geht viel zu langsam. Die Sekretärin erscheint Ihnen als lahme Ente, die Kollegen und Kolleginnen sind langweilige Pedanten.

✻ Sie greifen zu Kaugummi, Knabberzeug und Lutschern. Deshalb nehmen Sie innerhalb kürzester Zeit etliche Kilos zu – das geht leider gar nicht langsam! – und haben damit ein weiteres Problem am Halse bzw. an den Hüften. Dieses müssen Sie mit Ausreden aus dem letzten Kapitel bekämpfen. Ein Teufelskreis.

✻ Sie sind für Ihre/Ihren Partner/in ein möglicher Scheidungskandidat. Ihr/e Ehemann/frau überlegt ernsthaft, ob sie/er wieder nach Hause zu ihrer/seiner Mutter ziehen soll.

Dieses möchten Sie weder Ihrer Schwiegermutter zumuten noch sich selbst. Denn: Eigentlich lieben Sie sie/ihn ja, oder?
* Sie werden Bekannte und Freunde verlieren und am Ende ganz allein dastehen, wenn Sie so weitermachen. Da Ihnen nicht mal mehr der Kneipenbummel und der Kegelabend Spaß machen, werden Sie auch keine neuen Leute kennenlernen.

Also, es nützt alles nichts:
Sie schaffen es nicht, einfach von den Glimmstengeln zu lassen. Da kann der Gesundheitsminister noch so viel mahnen. Da kann man Ihnen auch vorrechnen, was die Kippen über den Monat und übers Jahr kosten, was man sich dafür alles leisten könnte: Die nächste Zigarette kommt bestimmt!
Nun gibt ja kein Mensch gerne zu, daß er einer Sucht anhängt und von der geliebten Kippe nicht mehr wegkommt. Also müssen Ausreden her. Möglichst hieb- und stichfeste natürlich. Solche, die so überzeugend sind, daß sie von jedem Nichtraucher freudig akzeptiert werden. Das ist nicht ganz leicht. Da heißt's: Erfinderisch sein!

Mit der »Ja, aber...«-Methode sind Sie schon auf einem richtigen Weg. Denn damit geben Sie den harten Kritikern zu erkennen:
Sie sehen ja ein, daß Sie einfach nicht aufhören können mit der Raucherei. Daß Sie so an Ihren geliebten Sargnägeln hängen, daß Sie es wieder einmal nicht geschafft haben.
Nun kommt das große ABER. Und in diesem ist nicht nur eine Entschuldigung für Ihre Schwäche enthalten, sondern eine so hinreichende Ausrede, daß man Sie geradezu überreden wird, bei Ihrem Entschluß zu bleiben und bitte, bitte weiterzurauchen.

Warum rauchen Sie überhaupt? Dazu gibt's natürlich eine Menge zu sagen, wenn Sie von einem Nichtraucher auf Ihr Laster angesprochen werden.

Sie zeigen medizinische Werte auf:
Tabak galt früher als Medizin. Soll gegen Kopf- und Zahnschmerzen geholfen haben. Und gegen Blähungen. Und da hat man bestimmt sogar noch ohne Filter geraucht!

Sie werden historisch:
Die Indianer haben die Friedenspfeife geraucht. Ich steck' mir eben eine Zigarette an – und bin ganz friedlich.

Sie weisen auf kulturelle Güter hin:
Mit Rauch hat man früher böse Geister vertrieben. Siehst du hier irgendwo einen Dämon? Na also.

Sie werden liturgisch:
In der Kirche wird Weihrauch verwendet. Da stört sich auch keiner dran.

Sie haben politische Ambitionen:
Stellt euch vor, es ist Wahl – und kein Raucher geht hin!

Sie haben die Volkswirtschaft im Auge:
Was würden die denn ohne die vielen Raucher machen? Wir finanzieren doch fast alles – von der Automatenindustrie bis hin zum Straßenkehrer!

Sie denken an den Finanzminister:
Ohne unsere Tabaksteuer wäre der doch völlig aufgeschmissen.

Sie denken an den Aufbau Ost:
Mehr als 20 Milliarden Tabaksteuer zahlen wir Raucher pro Jahr. Das kommt alles den neuen Bundesländern zugute.

Sie werden nostalgisch:
Raucher haben nach dem Krieg unsere Wirtschaft aufgebaut. Ohne den Schwarzmarkt und seine Zigarettenge-

schäfte wäre das Wirtschaftswunder doch gar nicht gekommen.

Sie sind kreativ:
Im Kino findet ihr die Zigarettenreklame immer ganz toll. Da sind auch wirkliche Künstler am Werk. Das haut doch nur hin, wenn das Produkt stimmt.

Sie weisen auf die Tischkultur hin:
Schließlich gehört zu einem Zehn-Gang-Menü auch die »Zigarre danach«. Die hat sogar Paul Bocuse nicht abgeschafft. Und die Franzosen verstehen zu leben!

Sie denken finanziell:
Geld sparen, indem ich mit Rauchen aufhöre? So ein Quatsch! Oder kannst du mir einen Millionär zeigen, der reich geworden ist, weil er nicht mehr qualmt?

Sie sind auf Karriere aus:
Es gibt nichts Besseres, als seinem Chef Feuer anzubieten. Das verbindet uns Raucher sofort.

Sie sind gewerkschaftlich engagiert:
Ohne uns gäb's nicht mal Rauchpausen. Da kannste mal sehen, wie sozial wir eingestellt sind.

Sie denken auch an den Betriebsrat:
Was täten die denn ohne uns? So können sie wenigstens zwischen Nichtrauchern und Rauchern vermitteln!

Sie halten viel von der Evolution:
Meine rauchgestählten Lungen habe ich natürlich meinen Kindern vererbt. Was glaubt ihr, wie die sonst in den nächsten Generationen mit der Umweltverschmutzung fertig würden!

Sie sprechen mit Archäologen:
Was bleibt denn von den Nichtrauchern übrig? Bonbonpapier. Wir hingegen hinterlassen Zigarettenkippen – in unzähligen Variationen.

Sie sorgen für die Bauwirtschaft:
Früher gab's ja noch Großraumbüros, Raucher und Nichtraucher in einem Raum zusammen. Heute dagegen muß man viele kleine Einzelzimmer bauen – das kurbelt die Wirtschaft an.

Sie sehen das Ganze sehr gelassen:
Nikotin ist ein langsam tötendes Gift? Was für ein Glück, daß ich soviel Zeit habe!

Sie stehen ständig unter Streß:
Ich und einen Herzinfarkt? Aber bestimmt nicht vom Rauchen, sondern weil das Telefon dauernd klingelt.

Sie sind ein Genießer:
Was gibt's Schöneres als die Zigarette danach?

Sie waren schon immer ein Lebenskünstler:
Haben Sie schon mal dem blauen Dunst versonnen nachgeschaut? Das beruhigt, sage ich Ihnen! Und eröffnet völlig neue Perspektiven.

Sie sind in Finanznöten:
Meinen Sie, es macht Spaß, immer die Zündholzbriefchen im Luxushotel zu klauen? Man muß ja wenigstens einen Kaffee dort trinken! Und der kostet auch schon ganz schön …

Sie haben sich entschlossen, zu Ihrem Laster zu stehen:
Ich habe es einfach satt, ständig in Kneipen neben Rauchern zu stehen und dabei tief – tief – tief einzuatmen.

Sie sind Gesundheitsraucher:
Mein Arzt will mir bestimmt die Zigaretten verbieten. Also nehme ich schon mal sicherheitshalber Vitamintabletten. Das hilft bestimmt.

Sie gehören zum Jetset:
Ich rauche ja nur, weil diese Zigarettenmarke auch von Prominenten bevorzugt wird. Wenn man dazugehören will, muß man eben Opfer bringen.

Sie brauchen eine Ersatzbefriedigung:
Wenn ich nicht rauche, esse und trinke ich viel mehr.

Sie rauchen eigentlich gar nicht mehr:
Hin und wieder mal eine Zigarette – und die ist auch schon geschnorrt.

Sie haben sich das Rauchen schon abgewöhnt:
Wissen Sie, vorher hab' ich dreimal so viel geraucht. Genaugenommen rauche ich jetzt also nur noch jede dritte Zigarette – wenn das kein Fortschritt ist!

Sie werden mit einer Zigarette in der Hand erwischt:
Gestern und vorgestern hab' ich durchgehalten. Aber mir ging's nicht besser, sondern schlechter. Also hab ich wieder angefangen.

Sie werden in einer Zigarettenpause ertappt, haben aber einen gefüllten Aschenbecher vor sich stehen:
Ich bin wirklich ganz enthaltsam – zwischen den einzelnen Zügen.

Sie nennen eine wundervolle Feuerzeugssammlung Ihr eigen:
Soll ich jetzt alle meine wertvollen Stücke verschenken, nur weil ich mir das Rauchen abgewöhne?

Sie wollen nicht vereinsamen:
Ich lerne durchs Rauchen die tollsten Leute kennen. Vor allem Mädels, denen ich dann Feuer geben kann.

Sie sind angeblich unsozial:
Versteh' ich nicht. Beim Rauchen bin ich ständig unter Leuten.

Sie rauchen in der Bundesbahn:
Was glaubt ihr wohl, was das kosten würde, wenn alle Raucher aufhörten? Die Bahn müßte alle Raucherabteile umbauen.

Sie zünden sich im Auto eine an:
Wenn ich im Stau stecke, muß ich einfach eine rauchen – zur Beruhigung. Kein Wunder, daß ich zum Kettenraucher geworden bin.

Sie fahren bei einem Auto mit Klimaanlage mit:
Wenn dein Auto wirklich so toll ist, dann muß es auch den Zigarettenrauch schlucken.

Sie fahren mit einem Führerscheinneuling:
Sei bloß froh, daß ich rauche. Sonst würd' ich dauernd über deinen Fahrstil meckern.

Sie sind kein guter Beifahrer:
Wenn ich neben dir sitze, bin ich immer so nervös. Da beruhigt mich das Rauchen enorm.

Sie qualmen im Kino:
Wenn Clint Eastwood lässig eine raucht, findet ihr's toll. Und bei Marlene Dietrich findet ihr's erotisch. Nur ich soll aufhören!

Sie sind abhängig:
Was heißt denn hier, ich habe keinen Charakter? Ich stehe eben zu meiner Sucht!

Sie sind nikotinerfahren:
Was glauben Sie, wie ich es sonst schaffen würde, drei Päckchen am Tag zu rauchen? Das braucht langjähriges Training, mein Lieber!

Sie machen einen Konditionstest:
Als Raucher kann ich wenigstens feststellen, wie lange mein Körper widerstandsfähig bleibt.

Sie denken praktisch:
Wenn ich zu rauchen aufhöre, zittere ich so, daß ich meinen Kaffee verschütte, von edleren Flüssigkeiten ganz zu schweigen.

Sie werden pampig:
Also gut, ich rauche nur deshalb, weil ich mir das Trinken abgewöhnen will.

Sie reagieren aggressiv:
Kennen Sie etwa einen Nichtraucher, der nicht ins Gras gebissen hätte? Na also! Ich weiß wenigstens, woran ich sterbe.

Sie treffen einen ehemaligen Raucher:
Sie können sich's wohl nicht mehr leisten, was? Kein Wunder, bei der Arbeitslosigkeit heutzutage...

Sie bieten Alternativen an:
Gut, ich muß ja nicht unbedingt rauchen. Ich kann meinen Tabak ja auch schnupfen oder kauen. Wenn dir das lieber ist...

Ich rauche lediglich, weil ich die Olympischen Ringe in Rauch blasen will. Das erfordert eben viel Training.

Sie sind revolutionär:
Rauchen ist für Bürgerliche und Adel. Und wer's blaublütig mag, raucht eben Lord oder so.

Sie haben eine detektivische Ader:
Kannst du dir Sherlock Holmes ohne Pfeife vorstellen?

Sie sind gegen Lungenkrebs:
Deshalb rauche ich ja ganz leicht – und mit Filter.

Sie ahmen große Vorbilder nach:
Winston Churchill und Ludwig Erhard waren ohne Zigarre nichts.

Sie sind Comic-Fan:
Lucky Luke hat immer eine Kippe im Mund.

Sie sind elegant:
Immerhin – der Smoking heißt auch so, weil darin geraucht wird. Und du mußt zugeben: Ich sehe toll darin aus.

Sie leben sicher:
Ich rauche doch nur hier. Niemals würde ich mir im Munitionsdepot eine anstecken.

Sie sind sparsam:
Ich rauche wirklich jede Zigarette bis zum letzten auf. Mir soll keiner nachsagen, ich würde Nikotin vergeuden.

Sie lehnen Belehrungen ab:
Ich bin über 18 und folglich erwachsen. Also hör auf, mich ummodeln zu wollen.

Sie sind belesen:
Hast du gewußt, daß sogar schon die alten Ägypter rauchten? In Mumien hat man jetzt Nikotinspuren gefunden.

Sie sind »Wetten daß ...«-Kandidat:
Ich kann 25 Zigarettensorten beim Küssen erkennen.

Sie sind überhaupt nicht labil:
Ich gehe bestimmt nicht zur Anti-Raucher-Hypnose. Das funktioniert bei mir nie.

Sie haben Termin beim Entzugs-Hypnotiseur:
Du weißt ja gar nicht, was der mir noch anhypnotisiert. Am Ende liebe ich dich dann nicht mehr.

Sie sind in einer Nichtraucherwohnung zu Gast:
Ich setze mich an Fenster. Gardinen filtern den Rauch.

Sie unterstützen die Pharmaindustrie:
Ohne uns Raucher würden die niemals so viele Hustenmittel verkaufen.

Sie sorgen sich um die Tierwelt:
Der Hustinettenbär könnte ohne mich nicht überleben.

Sie werden witzig:
Ich rauche nur aus Rache: Mein Opa starb an Lungenkrebs und meine Lieblingstante ebenfalls. Jetzt vernichte ich das Zeug.

Sie sind Dinosaurier-Experte:
Die Dinos starben einfach so aus – ohne jemals geraucht zu haben.

Sie entdecken ein Jugendtrauma:
Mein Vater hat mir das Rauchen immer verboten. Es ist also eine Trotzreaktion auf restriktive Erziehungsmaßnahmen, die ich verinnerlicht habe.

Sie sind olympisch begeistert:
Ich rauche lediglich, weil ich die Olympischen Ringe in Rauch blasen will. Das erfordert eben viel Training.

Sie stehen auf Seiten Sigmund Freuds:
Der hat als alter Mann noch Zigarren geraucht. Und er wußte, daß das ein Phallussymbol ist.

Sie sind für Gleichberechtigung:
Auch Frauen dürfen rauchen – warum nicht?

Sie sind für Vielfalt:
Jeder sollte seine eigene Marke haben dürfen – deshalb dreh ich selbst.

Sie lieben Mark Twain:
Er behauptete, der liebe Gott habe den Tabak erschaffen, damit wir Männer einen tröstlichen Ausgleich gegen euch Frauen haben.

Sie sind sicher:
Wer nicht raucht, der trinkt dann wenigstens. Und Leberzirrhose ist auch nix Schönes.

Sie flirten gern:
Haben Sie mir nicht gerade Rauchsignale gegeben? Sehen Sie – schon bin ich da!

Sie waren früher auch mal Nichtraucher:
Da wurde mir vom Rauch immer schlecht. Jetzt nicht mehr!

Sie sind schöpferisch:
Am schönsten sind die Rauchpausen zwischen zwei Zigaretten, da fällt mir am meisten ein. Deshalb muß ich einfach so viel rauchen.

Reicht's Ihnen jetzt endlich?
Sie müßten eigentlich ja schon von einer ganzen Schar Sie bewundernder Nichtraucher umgeben sein. Bei soviel Beredsamkeit werden Sie künftig in Ruhe Ihre Zigarette, Ihre Zigarre oder Ihr Pfeifchen genießen können. Sie sind in guter Gesellschaft. Denn selbst Spitzensportler greifen gern zum Glimmstengel. Jedenfalls wenn's der Trainer nicht sieht. Der macht ihnen sonst nämlich Feuer unterm Hintern. So wie wir Ihnen im nächsten Kapitel, wo es – Sie ahnen es bereits – um den Sport geht.

Kapitel 5

»Heute kann ich aber wirklich nicht!«

Ausreden für Sportmuffel

Glücklicherweise gibt es eine ganze Menge kluger Zitate von noch klügeren Menschen, die Sport als unnütze Zeitverschwendung abgelehnt haben: »Sport ist Mord« etwa. Oder der bekannte Ausspruch Winston Churchills: »No sports!« Und wenn ein so großer Mann so etwas sagt...

Sie können ja zugucken.
Sie können den Athleten zuliebe vielleicht sogar bei Nieselregen auf der Tribüne des Fußballstadions stehen.
Aber selbst kicken? Nie und nimmer!

Besonders peinlich ist die Verweigerung sportlichen Tuns dann, wenn alle Welt weiß, daß Sie sich vor kurzem in einem Sportverein angemeldet haben. Auf Drängen Ihrer Lieben mußten Sie nämlich beschließen, jetzt endlich mal etwas für Ihre Fitneß, Ihre Kondition und Ihre Gesundheit zu tun.
Insgeheim haben Sie sich das ja schon gedacht. Sie hatten auch durchaus guten Willen und beste Absichten. Aber muß man deshalb gleich Nägel mit Köpfen machen?

Nur weil Sie vom sicheren Platz vor dem Fernsehapparat die Fußballer der Bundesliga kritisieren, werden Sie doch nicht gleich selber in der ersten Mannschaft aufgestellt. Oder kennt die Welt einen Musikkritiker, der selbst singen kann?

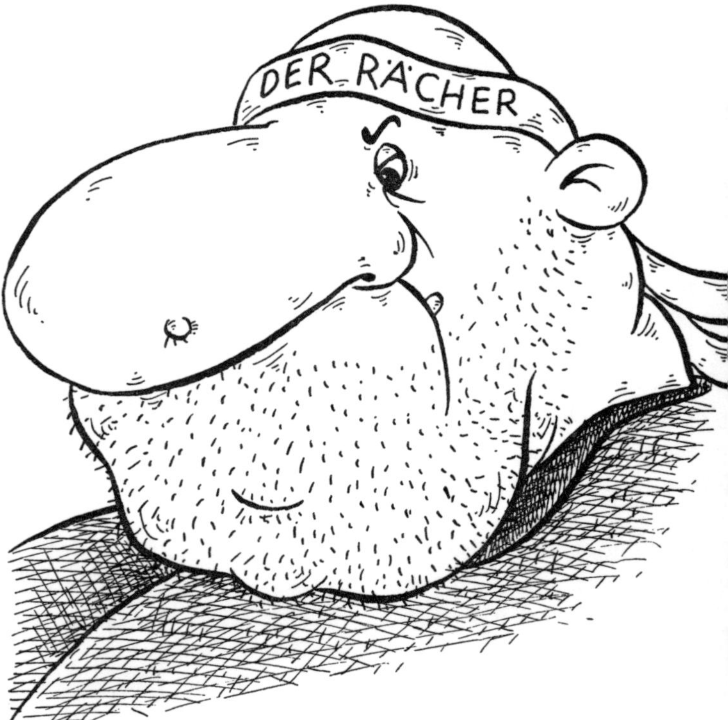

Der einzige Sport, der mich interessiert, wäre Boxen.
Aber ich fürchte, das kann ich niemandem zumuten –
ich bin ein Killer-Typ.

Nun jedoch haben Sie »A« gesagt und fragen sich vor jedem sportlichen Termin aufs Neue: Wie komme ich ums »B« herum? Wie komme ich raus aus dieser Nummer?

Den ersten Abend oder das erste Wochenende sind Sie ja – mit dem besten Willen – noch hingegangen. Spätestens am nächsten Morgen, wenn der Muskelkater Sie quälte, meist aber schon während der ersten Trainingsstunde, stellten Sie fest:

✻ Es macht keinen Spaß, sich im Schweiße seines Angesichts ein paar Bierchen – wahrscheinlich bloß ein Mineralwasser! – zu verdienen.
✻ Sie sind kein Massen- und Gruppenmensch.
✻ Sie können es nicht ausstehen, zusammen mit 20 anderen im Takt von ach so fröhlicher Musik irgendwelchen körperlichen Ertüchtigungen nachzugehen.
✻ Sport – wenn man ihn selbst und höchstpersönlich ausüben soll – ist einfach nichts für Sie.

Das überlassen Sie lieber anderen. Sie können durchaus damit leben, gemütlich auf der faulen Haut zu liegen und zuzusehen, wenn andere sich abrackern. Dieses tun Sie auch laut und deutlich kund. Es lebe der Sport – um mit Rainhard Fendrich zu singen.
Eigentlich müßte dies schon ausreichen, um Sie von jeglichem sportlichem Tun zu befreien. Doch es wird Ihnen nicht anders ergehen als den Autoren dieses Buches: Der Freundeskreis besteht auf einem Tennismatch, die lieben Bekannten locken einen in den Skiurlaub, und irgendwann fällt einem beim besten Willen kein Zitat mehr ein, mit dem man solch unbilligem Begehr begegnen könnte. Also: Ausreden müssen her. In diesem Sinne: Auf die Plätze, fertig, los!

Wenn Sie ein alter Hase sind:
Ich habe früher so viel Sport getrieben, daß es für den Rest meines Lebens reicht.

Wenn Sie weder zu Hause noch im Büro einen Fahrstuhl haben:
Ich laufe jeden Tag die Treppen hoch und runter. Ich finde, das ist Sport genug.

Wenn Sie einen Hund Ihr eigen nennen:
Wer geht denn eigentlich täglich mit Bello? Das bin ja wohl ich, oder?

Wenn Sie den Familienhund bis jetzt leider nie zum Lüften brachten:
Bitte! Dann geh' ich eben ab morgen mit dem Hund – das ist dann aber Bewegung genug.

Wenn Sie früher irgendwann einmal aus Versehen einem Ball nachgelaufen sind:
Tja früher – das waren noch Zeiten. Aber die jungen Hüpfer heute – die haben doch nie unsere Erfahrung und Ausbildung. Außerdem sind die alle gedopt.

Wenn Sie moralisch denken:
Ich finde den Sport heutezutage viel zu sehr kommerzialisiert.

Wenn Sie eine lange Mähne Ihr eigen nennen:
Was – ich soll schwimmen gehen? Wann denn? Allein zum Fönen danach brauche ich Stunden. Und außerdem sehe ich mit Badekappe albern aus – aber die braucht man nun mal mit meiner Haarpracht.

Wenn Sie keine Kohle haben:
Wißt ihr eigentlich, was das kostet?

Wenn Sie Skifahren sollen:
Ich hasse Schnee. Und nur zum Après-Ski nach Davos oder St. Moritz fahren? Das kann ich mir nicht leisten.

Wenn Sie einen Surfkurs angeboten bekommen:
Ich hab's nicht nötig, mit einem Brett auf dem Dach herumzufahren. Mir reicht das Brett vor dem Kopf.

Wenn Sie schmerzfrei leben wollen:
Meine Gelenke sind doch schon völlig morsch. Da tut jede Bewegung weh – und das kann zu völliger Lähmung führen.

Wenn Sie einen Jogginganzug geschenkt bekommen:
Das nützt auch nichts – soll ich etwa neben der Autobahn laufen? Da kann ich mich ja gleich in der Garage vergiften.

Wenn Sie zum Waldlauf gebeten werden:
Ich möchte die scheuen Tiere des Waldes nicht verscheuchen. Die Natur geht mir über alles.

Wenn Sie ein Pferd besteigen sollen:
Das kann ich dem Pferd nicht zumuten. Wißt ihr, was das arme Tier schleppen müßte?

Wenn Sie auf den Golfplatz eingeladen sind:
Was hat es denn für einen Sinn, stundenlang einen kleinen weißen Ball zu suchen, den man vorher mit aller Kraft in die Büsche geschlagen hat?!

Wenn Sie auf Ihr Image achten:
Der einzige Sport, der für mich in Frage käme, ist Polo. Aber halten Sie hier mal argentinische Poloponys. Die gehen ein, die sind nur südamerikanisches Gras gewohnt.

Wenn Sie auf dem Tennisplatz gesichtet werden:
Nein, nein, ich bin nicht zu einem Match hier. Ich treffe mich mit dem Trainer, um die Turniere meiner Tochter zu besprechen.

Findest du denn Gewichtheber schön? Und außerdem:
Ich stemme doch täglich meine Biere.

Wenn Sie Fußballexperte sind:
Früher hab' ich ja selbst gekickt. Und es hat sich seit damals auch nichts verändert: Der Ball ist immer noch rund. Nur mein Rheuma...

Wenn Sie in der Südsee tauchen sollen:
Schon mal was vom Tiefenrausch gehört?

Wenn Sie mit Squash anfangen sollen:
Idiotisch: In einem Zimmer den Ball gegen eine Wand dreschen. Da kriegt man ja Klaustrophobie!

Wenn Sie moralisch veranlagt sind:
Die Sportler heute denken alle nur ans Geld. Ich auch – deswegen arbeite ich im Büro.

Wenn Sie kerngesund sind:
Das kommt daher, daß ich noch nie Sport gemacht habe. Das hält fit bis ins hohe Alter.

Wenn Sie krank sind:
Mit meiner Grippe/Bronchitis/Lungenentzündung darf ich nicht ins Freie. Könnte tödlich sein.

Wenn Sie philosophisch veranlagt sind:
Sportler leben auch nicht länger. Im Gegenteil: Wie viele Menschen sind schon auf dem Sportplatz verunglückt?

Wenn Sie zartfühlend sind:
Der einzige Sport, der mich interessiert, wäre Boxen. Aber ich fürchte, das kann ich niemandem zumuten – ich bin ein Killer-Typ.

Wenn Sie Japan-Fan sind:
Ich wäre ja gerne Sumo-Ringer. Aber ich glaube, da fehlen mir ein paar Kilo. Oder?!?

Wenn Sie Exotisches lieben:
Okay, ich habe mich für eine Sportart entschieden: Thai-Boxen. Sucht ihr mir einen Club, wo man das lernen kann?

Wenn Sie in der gesetzlichen Krankenkasse sind:
Ich darf keinen Sport mehr treiben, denn die Kasse bezahlt mir die Ausheilung meiner Sportverletzungen nicht mehr.

Wenn Sie Grafiker sind:
Sport!? Und wenn ich mir die Hand verletze???

Wenn Sie Briefträger sind:
Ich bin genug an der frischen Luft.

Wenn Sie in die Zukunft schauen können:
Der passende Sport für mich ist noch nicht erfunden. Wird er wahrscheinlich auch nie.

Wenn Sie Individualist sind:
Ich kann's nicht ertragen, mit anderen schwitzend im Umkleideraum zu stehen. Da bin ich lieber unsportlich.

Wenn Sie Teamgeist bevorzugen:
Eigentlich gehöre ich ins Dream-Team. Aber so – bei unserem Popelverein…

Wenn Sie Segel setzen:
Erstens kann ich keine Knoten knüpfen. Zweitens werde ich seekrank. Und drittens ist Amerika ja wohl schon entdeckt.

Wenn Sie sich dem Reitstall nähern:
Haben die hier keine kleineren Pferde? Shetland-Ponys vielleicht?

Wenn Sie ein Ästhet sind:
Ich kann diese schwitzenden Körper um mich herum einfach nicht ertragen. Da versagt doch jedes Deo.

Wenn Sie Aerobic machen sollen:
Ist Jane Fonda nicht völlig out?

Wenn Sie aufs Eis gehen:
Ich bin kein Esel. Und mir ist auch nicht zu wohl. Was soll ich also auf Schlittschuhen?

Wenn Sie ein harter Mann sind:
Der einzige Sport, der mich interessieren würde, wäre Bobfahren. Aber das paßt meiner Frau nicht.

Wenn Sie ein Luxusweibchen sind:
So richtig chic sieht man nach dem Sport auch nicht aus. Keine Frisur hält eine Stunde Jazztanz aus.

Wenn Sie zum Film wollen:
Ich habe keine Ambitionen wie Arnold Schwarzenegger. Ich brauche keine Muskeln, um ein Star zu werden.

Wenn Sie kein Revolutionär sind:
Ich finde, ein Kaiser genügt voll und ganz. Ich möchte Franz Beckenbauer nicht von seinem Thron verscheuchen.

Wenn Sie das Leben genießen:
Wie kann man das – wenn man jeden Tag Stunde um Stunde trainieren muß?

Wenn Sie über 30 sind:
Viel zu spät, um mit Sport anzufangen. Da gehören andere schon zum alten Eisen – und das will ich partout nicht.

Wenn Sie unter 30 sind:
Für Golf ist's jetzt noch zu früh. Das kann ich mit 50 auch noch machen.

Wenn Sie Autofan sind:
Ich würde ja gerne in die Formel 1 einsteigen. Aber meine Frau ist dagegen: Sie will keinen zweiten Niki Lauda als Mann. Schon wegen der Ohren.

Wenn Sie radeln sollen:
Radfahrer haben wir in der Firma genug. Da möchte ich mich schon abgrenzen.

Wenn Sie Niveau zeigen:
Stabhochsprung – das wär' was für mich. Aber ehrlich gesagt: Ich habe Angst vor der Landung.

Wenn Sie ständig im Training sind:
Ich bin fit genug – jeden Morgen laufe ich der Straßenbahn nach.

Wenn Sie Boris-Becker-Fan sind:
Ähh, ich bin – ähh – mental einfach nicht drauf, ähh!

Wenn Sie gewichtige Argumente ins Feld führen:
Findest du denn Gewichtheber schön? Und außerdem: Ich stemme doch täglich meine Biere.

Wenn Sie viel Werbefernsehen schauen:
Solange ich nicht so toll aussehe wie die Sportler da, fange ich gar nicht erst an. Will mich ja nicht blamieren.

Wenn Sie aus Bayern sind, aber im Norden Ihr Dasein fristen müssen:
Der einzig wahre Sport ist Fingerhakeln – und den gibt's hier nicht.

Wenn Sie das Ozonloch schließen wollen:
Wenn ich Sport treibe, schwitze ich. Wenn ich schwitze, brauch' ich ein Deo – und das Treibgas zerstört die Ozonschicht. Das kann ich nicht verantworten.

Wenn Sie ein/e fürsorgliche/r Gatte/in sind:
Wenn ich mit Sport anfange, bin ich mindestens zwei bis drei Abende in der Woche weg. Dann geht unser Familienleben völlig den Bach runter.

Wenn Sie Vegetarier sind:
Ich schieße keine Tiere – nicht mal Tontauben.

Wenn Sie ein Casanova sind:
Im Club sind immer ganz tolle Frauen. Vertraust du mir wirklich so sehr? Das finde ich aber lieb.

Wenn Sie verletzt sind:
Da kannste mal kucken. Jetzt bin ich zum drittenmal in einem Monat mit einer Bänderzerrung beim Arzt gewesen. Wieso heißt's eigentlich, daß Sport gesund ist?

Wenn Sie beflügelt sind:
Du weißt doch, wie ich mich immer reinsteigere. Willst du das wirklich riskieren?

Wenn Sie an den Urlaub denken:
Was hatten wir immer für erholsame Ferien! Willst du das jetzt aufs Spiel setzen – und künftig ins Trainingslager fahren?

Wenn Sie ernährungsbewußt sind:
Dann kannst du es dir aber abschminken, daß ich künftig koche. Dann gibt's nur noch Müsli und Sportlerkost. Das wird dir aber schmecken...

Wenn Sie an akutem Muskelkater leiden:
Ich kann mich nicht mehr bewegen. Wahrscheinlich ist das Rückgrat angeknackst. Ob ich ins Gipsbett muß?

Wenn Sie an die Sportausrüstung denken:
Ist dir eigentlich klar, was heutzutage ein Paar ordinäre Turnschuhe kostet? Und ein Jogginganzug? Und die Marc-Kevin-Goellner-Kappe? Und die Golfausrüstung? Und das alles bei der hohen Hypothek, die noch auf unserer Villa liegt!

Wenn Sie ganz klar sehen:
Meine Eltern haben es einfach versäumt, meine sportlichen Fähigkeiten zu erkennen. Mit fünf hätte ich anfangen müssen – jetzt ist's zu spät, um an die Spitze zu kommen.

Wenn Sie ein Kindheitstrauma haben:
Meine Mutti wollte immer, daß ich Eiskunstlauf oder Ballett mache. So wie Marika Kilius. Stundenlang mußte ich aufs Eis. Jetzt ist mir Schlittschuhlaufen auf ewig verleidet.

Wenn Sie an die Herren der Schöpfung denken:
Sport-BHs sind so unerotisch.

Wenn Sie an die Damenwelt denken:
Meine Säbelbeine sehen in Shorts einfach nicht gut aus.

Wenn Sie wenigstens wandern sollten:
Ich finde, diese Geher wirken komisch. Wie Watschel-Enten. Ich will nicht zum Gespött der ganze Straße werden!

Wenn Sie mal so richtig angeben wollen:
Ich habe den schwarzen Gurt in Ikebana. Noch Fragen?

Sie sehen – für (fast) jede Sportart gibt es die richtige Ausrede. Lassen Sie sich nicht beirren. Bleiben Sie standhaft im Fernsehsessel sitzen. Rühren Sie sich nicht aus dem Haus.

Gehen Sie nicht mal in die Nähe eines Sportplatzes, einer Turnhalle oder eines Schwimmbades. Machen Sie auch keinen Einkaufsbummel in der Nähe von Sportgeschäften. Denn: Überall lauert die Gefahr der körperlichen Bewegung. Wenn man Sie im falschen Moment erwischt, sind Sie dran. Womöglich finden Sie dann auch noch Spaß am Sport – und haben dieses Kapitel völlig umsonst auswendig gelernt. Dann müssen Sie alles möglichst schnell vergessen. Apropos Vergessen: Bitte blättern Sie um!

Kapitel 6

»Ach wirklich? Gestern abend?«

Ausreden für Vergeßliche

Wir haben es schon in früheren Kapiteln erwähnt: Manchmal genügt eine gute Ausrede alleine nicht. Manchmal muß man »tätige Reue« üben. Gerade alle Vergeßlichen sollten sich dies zu Herzen nehmen. Hin und wieder nämlich tut es not, mit härteren Bandagen um Verzeihung zu kämpfen. Etwa dann, wenn

- ✻ Sie den Hochzeitstag wieder mal vergessen haben;
- ✻ Ihre neue Flamme ganze zwei Stunden mit einem Dinner for two bei Kerzenlicht auf Sie wartete;
- ✻ Sie sich partout nicht mehr an das Datum des Geburtstags Ihrer Erbtante erinnert haben;
- ✻ Ihr bester Freund vergebens auf Ihre Mithilfe bei der Vernichtung einer Flasche Whisky hoffte.

Lediglich bei letzterer Situation werden Sie um eine stichhaltige Ausrede ob Ihrer Vergeßlichkeit herumkommen. Hat Ihr Freund nämlich die ganze Flasche alleine ausgetrunken, können Sie einfach behaupten, doch noch vorbeigekommen zu sein. Er wird nicht abstreiten können, daß sein Erinnerungsvermögen nach diesem Alkoholexzeß leicht getrübt ist. Und Sie sind in diesem Falle aus dem Schneider.

Doch was tun bei all den anderen Vergeßlichkeiten? Vor allem denjenigen, die Sie sich dem anderen Geschlecht gegenüber geleistet haben?

- ✻ Ihre Gattin verzeiht's nicht leicht, daß der Hochzeitstag nicht Ihre Beachtung fand.

✻ Ihre neueste Flamme ist wahrscheinlich zu einem dürftigen Lichtlein heruntergebrannt.
✻ Und der vergessene Geburtstag Ihrer Erbtante schlägt sich möglicherweise in einer Testamentsänderung nieder.

Das alles wollen Sie natürlich vermeiden:
Sie wollen mit Ihrer lieben Frau in Frieden und Harmonie leben. Sie wollen Ihre neue Flamme wieder neu entfachen. Sie wollen vor allem an die Erbschaft ran.

Da genügt es dann leider nicht, einfach nur auf Ihre schon allgemein bekannte Vergeßlichkeit hinzuweisen. Versuchen Sie daher auf jeden Fall, daß Sie selbst als das Opfer dastehen:
Sie hätten ja so gerne. Sie konnten nichts dafür. Sie haben's wirklich versucht. Aber leider waren widrige Umstände gegen Sie ...
Achten Sie darauf, beim Vortragen Ihrer Ausrede in Selbstmitleid zu schwelgen. Seien Sie voller Phantasie – erfinden Sie die unglaublichsten Geschichten. Haben Sie keine Angst davor, unglaubwürdig zu wirken. Denn mittlerweile weiß jeder: Das Leben schlägt die unwahrscheinlichsten Kapriolen. So dumm und weit hergeholt kann eine Ausrede gar nicht sein, daß sie nicht doch geglaubt würde. Und zwar mit genau diesem Argument:
»Die Geschichte muß einfach stimmen«, wird man sich denken, »denn so etwas kann man gar nicht erfinden.« Und schon hat's wieder mal geklappt ...
Denken Sie aber daran: Man kann dieses Spielchen überreizen. Irgendwann ist's aus – und Sie werden entweder für unverbesserlich gehalten. Oder Sie legen sich doch endlich einen Notizkalender zu. Da schreiben Sie alles Wichtige rein. Wenn Sie's geschickt anfangen, gelten Sie gar nicht als vergeßlich, sondern wirken wie ein vielbeschäftigter Mensch, der genug Selbstbewußtsein hat, zugeben zu können, daß er sich nicht alles merken kann, will oder muß. Das kann Ihnen durchaus zur Ehre gereichen.

Bis dahin aber empfehlen wir: die wichtigsten Ausreden für alle Vergeßlichkeiten. Voilà!

Sie haben – natürlich! – wieder mal den Hochzeitstag vergessen:
Du weißt, wie ich diese Vorher-Planerei hasse. Laß uns doch mal völlig spontan feiern.

Sie schmeicheln sich ein:
Ich liebe dich immer noch wie am ersten Tag. Da kann ich doch nicht in Jahren denken!

Sie erinnern sich so gerne:
Weißt du nach – damals? Ich wollte den Tag genau so feiern wir vor 5/10/15/20 Jahren. Als wir uns in den Studentenkneipe kennenlernten. Leider gibt's die Kneipe nicht mehr.

Sie sind schwer im Streß:
Seit ich auf der Karriereleiter stehe, kann ich mir keine Privattermine mehr merken.

Sie schieben's auf die Technik:
In meinem Laptop ist der Terminplaner kaputt. Deshalb hat es mich nicht an unseren Hochzeitstag erinnert.

Sie sind in Angst:
Meinst du, daß Alzheimer schon mit 30 anfängt?

Sie machen Komplimente:
Seit du auf der Schönheitsfarm warst, siehst du so jung aus. Ich kann gar nicht glauben, daß du schon wieder Geburtstag hast.

Sie glauben an Vererbung:
Schon mein Urgroßvater soll sehr vergeßlich gewesen sein. Na, und Opa und meinen Vater kennst du ja selber – die können auch nichts behalten.

Sie sind ein Gourmet:
Ich wollte dich in das neue chinesische Restaurant ausführen. Hoffentlich hat der am Telefon alles richtig verstanden – irgendwie kam's mir sehr seltsam vor.

Sie haben sportliche Ambitionen:
Wenn ich morgens zum Waldlauf gehe, ist mein Kopf nachher immer ganz frei. Leider auch frei von allen wichtigen Terminen.

Sie haben gute Vorsätze:
Ich habe mich jetzt zum Gedächtnistraining angemeldet.

Sie denken an die Zukunft:
Hab keine Zeit, mich mit Vergangenem zu beschäftigen. Den nächsten Hochzeitstag hab' ich aber bestimmt im Kopf.

Sie haben gar nichts vergessen:
Da – ich kann's dir beweisen. Hier steht es schwarz auf weiß: Moni Geburtstag. Allerdings hab' ich vergessen, in meinen Kalender zu gucken.

Sie sind übereifrig:
Jeden Tag hab ich daran gedacht, was ich dir wohl schenken soll. Jeden Tag hab ich mir überlegt, was dir Freude macht. Jeden Tag aufs neue – bis dein Geburtstag vorbei war.

Sie werden pampig:
Mein Gott, nun hab' dich doch nicht so! Ich hab' weiß Gott an andere Dinge zu denken.

Sie sind geheimnisvoll:
Ich habe etwas Wunderschönes für dich gekauft. Was ganz Tolles. Damit du's nicht vorher findest, hab ich's versteckt. Und nun weiß ich nicht mehr, wo.

Sie sind völlig überlastet:
Gestern hatte ich Arzttermin, mußte ich ins Fitneßstudio, abends in die Sauna und danach noch ein Bierchen mit Heinz. Und als ich dann endlich an deinen Geburtstag dachte, waren die Läden alle zu.

Sie sind selbstbewußt:
Alles hab ich versucht – alle deine Freundinnen befragt, was du dir denn von Herzen wünscht. Aber sie gaben mir die Auskunft: Du bist wunschlos glücklich mit mir.

Sie wirken gehetzt:
Findest du nicht, daß ich genug um die Ohren habe? Du hättest mich ja daran erinnern können, oder?

Sie haben Ärger mit Ihrem Chef:
Dann hat der Alte wieder um Überstunden gebeten, ich wollte aber nicht. Da hat er mir mit Kündigung gedroht. Und da soll ich auch noch an Tante Ernis Geburtstag denken?!

Sie schieben's auf die Kinder:
Der Kleine darf nicht in den Kindergarten – Masern. Und die Große hat wieder eine Fünf in Englisch. Mit der muß ich jeden Nachmittag pauken. Da hab ich einfach nicht mehr an Omas 90. gedacht.

Sie waren mit dem Auto unterwegs:
Ich hab überhaupt nichts vergessen. Aber meine alte Klapperkiste hat den Geist aufgegeben. Da konnte ich dein Geburtstagsgeschenk nicht mehr einladen und dir überbringen.

Sie sind völlig weggetreten:
Was – Geburtstag? Wieso? Warum? Schon wieder? War doch erst letztes Jahr…

Sie sind abergläubisch:
Es bringt Unglück, an diesem Donnerstag zu feiern. Nach altem Brauch ist das ein Tag, der den Dämonen geweiht ist. Willst du deren Zorn riskieren?

Sie denken praktisch:
Bald ist Weihnachten/Ostern: Da bekommst du dann ein richtig großes Geschenk.

Sie glauben an die Sterne:
Mein Horoskop warnte mich heute vor überstürzten Einkäufen. Laß uns morgen nach deinem Geburtstagsgeschenk schauen.

Sie haben einen vierbeinigen Freund:
Der Hund hat deine Geburtstagskarte gefressen.

Sie wollen höflich sein:
Ich dachte, du feierst in diesem Jahr nicht. Wolltest du nicht ewig 39 bleiben?

Sie gewöhnen sich gerade das Rauchen ab:
Seit ich den Nikotinentzug habe, bin ich völlig von der Rolle.

Sie leben diät:
Ich muß mich genau an den Einkaufszettel meines Ernährungsberaters halten. Da hab' ich nichts anderes mehr im Kopf.

Sie sind Kinofan:
Stundenlang hab ich gestern vor dem Kino auf dich gewartet. Wollte dich schon mal vorab einladen – aber wenn du nicht kommst!?

Es bringt Unglück, an diesem Donnerstag zu feiern.
Nach altem Brauch ist das ein Tag, der den Dämonen
geweiht ist. Willst du deren Zorn riskieren?

Sie glauben fest daran:
Gestern hab ich noch an deinen Geburtstag gedacht. Aber vorher gratulieren darf man nicht, das bringt Unglück.

Sie werden philosophisch:
Was ist schon die Zeit – sie fliegt dahin...

Sie sind ein Genie:
Ich entwickle gerade eine neue kosmische Theorie. Wie kannst du mich da stören?

Sie haben politische Ambitionen:
Ob wir wohl in diesem Jahr zum Bundeskanzler eingeladen werden? Was ist? Wir haben Hochzeitstag? Ja und?

Sie räumen gerade den Speicher aus:
Ich denke, das können wir alles auf dem Flohmarkt verkaufen. Am nächsten Samstag – ach, da hast du Geburtstag? Das wird dann bestimmt lustig!

Sie sind ganz schön boshaft:
So alt wie du wird man einfach nicht. Deshalb negiere ich dein Wiegenfest aufs Entschiedenste.

Oder so:
Ich habe gar nicht gewußt, daß du wirklich schon so alt wirst wie du ausschaust. Nächstes Jahr schenke ich dir einen Gutschein für die Seniorengymnastik.

Sie haben auf Kollegen gehört:
Ich hatte schon so ein hübsches Geschenk – eine Küchenmaschine. Aber alle haben mir abgeraten – so was Praktisches wär' überhaupt nicht romantisch zum ersten Hochzeitstag.

Sie werden romantisch:
Ich wollte dir ein Bett aus Rosen bereiten. Leider gab's im Blumenladen keine mehr.

Sie sind Fußballfan:
Ich wollte dir eine Jahreskarte für den Fußballverein schenken. Glücklicherweise ist mir noch eingefallen, daß du Fußball nicht ausstehen kannst.

Sie waren auf einem Kneipenbummel:
Ich weiß doch, wie ungern du in die Kneipe gehst. Da hab ich dann schon mal alleine auf deinen Ehrentag getrunken.

Sie schützen Krankheit vor:
Mein Gott, ich muß was Falsches gegessen haben. Ich habe schon seit zwei Tagen Durchfall.

Sie liegen miteinander im Streit:
Ich – den Hochzeitstag vergessen? Den sollten wir auch lieber vergessen...

Sie sind ein Bücherwurm:
Ich wollte dir die Gesamtwerke von Schiller und Goethe schenken. Leider gab's im Buchladen nur noch die Taschenbuchausgabe – und die war mir zu popelig.

Sie halten viel von Luxus:
Wenn ich schon was schenke zum Geburtstag, dann aber mit Stil und Geschmack. Bedauerlicherweise läßt mein Bankkonto das nicht zu.

Sie sind überzeugt:
Alles, was ich dir schenken könnte, hast du schon. Vor allem hast du mich...

Sie schieben's auf die Post:
Was – meine Glückwünsche sind nicht eingetroffen? Ich geh' mich sofort bei meinem Postamt beschweren!

Sie machen sich's leicht:
Bedauerlicherweise war ich an deinem Geburtstag in Urlaub in Venezuela.

Sie sind voll Reue:
Mein Gott, wie kann ich das nur wieder gutmachen?! Ach ja: Ich gebe dir rasch einen Gutschein für ein schönes Geschenk.

Sie geraten in kriminelle Kreise:
Natürlich habe ich an deinen Ehrentag gedacht. Hatte auch ein Geschenk – leider bin ich beklaut worden.

Sie sind ein Spieler:
Ich hatte gespart auf deinen Geburtstag hin. Aber du weißt ja, wie ich bin: Kann an keiner Spielhölle vorbei gehen. Und nun ist alles futsch. So ein Pech!

Sie sind Tierfreund:
Ich hätte dir gerne eine kleine Katze geschenkt. Aber da du dich ja nicht um so ein Tierchen kümmern kannst, hab ich's gelassen.

Sie sind Motorradfahrer:
Zu deinem Geburtstag lade ich dich zur einer Rundfahrt ein. Was – du hast Angst? Na, denn eben nicht.

Sie sind Hungerkünstler:
Ich habe extra drei Tage nichts gegessen, weil ihr mich zum Italiener einladen wolltet. Und nun erfahre ich, das war schon gestern.

Sie schimpfen auf die Telekom:
Ich hätte dich bestimmt angerufen und die gratuliert. Aber in meinem Dorf sind nur zwei Telefonzellen – beide natürlich kaputt.

Alles, was ich dir schenken könnte, hast du schon.
Vor allem hast du mich …

Sie sind rigoros:
Was ich dir schon lange sagen wollte: Ich habe eine/n andere/n. Da wollt' ich mir das Geburtstagsgeschenk sparen.

Sie reagieren empört:
Ich denke, wir wollten uns an Geburtstagen und Hochzeitstagen nichts mehr schenken?

Sie haben sich ein kindliches Gemüt bewahrt:
Ich denke, der Weihnachtsmann/das Christkind/der Osterhase bringt die Geschenke!

Sie versuchen's auf die harte Tour:
Deinen Geburtstag sollten wir lieber vergessen. Was gibt's denn in deinem Alter noch zu feiern?

Sie haben einen Computer:
Leider ist das Programm abgestürzt. Da waren auch alle privaten Gedenktage gespeichert.

Sie sind Fahrradfahrer:
Mein Geschenk ist so groß, es paßt nicht auf den Gepäckträger. Deswegen hab ich's heute noch nicht mit.

Sie wissen Bescheid:
Du hast doch nur diesen Mini-Kühlschrank. Da passen Magnum-Flaschen Champagner nicht rein – und genau so eine wollte ich dir schenken.

Sie sind völlig überrascht:
Heute? Ich denke, erst in der nächsten Woche!

Sie geben's auf:
Weißt du was? Am besten sagst du mir künftig immer ein paar Tage vorher Bescheid. Dann denke ich vielleicht eher dran.

Sie sind jetzt völlig im Bilde? Sie sehen: Die Welt will betrogen sein. Also tun Sie's.

* Sie werden friedlicher leben.
* Sie werden niemanden beleidigen.
* Sie werden viel Zeit sparen. Denn bevor Sie mit einer weitschweifigen Erklärung anfangen, hat eine gute Ausrede alles knapp und schnell gesagt. Das gilt allerdings nicht unbedingt fürs nächste Kapitel – manchmal muß man da ein bißchen ausholen. Es folgen nämlich Ausreden für Zuspätkommer.

Kapitel 7

»Davon hab' ich nichts gewußt...«

Ausreden für Zuspätkommer

»Was ich nicht weiß, macht mich nicht heiß«, sagt ein Sprichwort. Allerdings sagt ein anderes: »Unwissen schützt vor Strafe nicht«. Und so müssen sich all jene eine gute Ausrede einfallen lassen, die meinen, ein zarter Hinweis auf ihr Nichtwissen genüge schon als Ausrede. Denn tausend zu eins gewettet wird ihr Gegenüber mit dem Konter kommen: »Aber ich hab's dir doch gesagt!« Und was dann? Tja, was dann!? Sie können jetzt auf das vergangene Kapitel und Ihre Vergeßlichkeit zurückgreifen. Sie können sich aber auch völlig neuer Ausreden bedienen, nämlich der folgenden.

Es soll Menschen geben, die noch nie zu spät gekommen sind. Die beiden Autoren gehören selbstverständlich zu dieser äußerst seltenen Kategorie. Sie sind immer pünktlich, wie auch die Lektoren des Verlags bestätigen können, die das Manuskript zu diesem Buch pünktlich drei Monate später bekommen haben, als vereinbart war.
Für die meisten Menschen allerdings – und damit auch für Sie! – gilt:

✻ Wenigstens einmal in Ihrem Leben hat der Wecker wirklich nicht geklingelt.

✻ Wenigstens einmal in Ihrem Leben haben Sie wirklich den Bus verpaßt.

✻ Wenigstens einmal in Ihrem Leben standen Sie wirklich im frühmorgendlichen Stau.

✻ Wenigstens einmal in Ihrem Leben hat die Bundespost wirklich die Einladung zum Dia-Abend bei Onkel Herbert verschlampt. (Die neuen Postleitzahlen machen sich besonders gut als Begründung!!!)

Und deshalb konnten Sie wenigstens einmal mit Fug und Recht behaupten: »Davon habe ich nichts gewußt!«

Bedauerlicherweise hat Ihnen Onkel Herbert das nicht abgenommen, und Sie haben deshalb keine größere Erbschaft von ihm zu erwarten. Pech.
Natürlich werden Sie deshalb – das nehmen Sie sich zumindest vor! – wenigstens bei Onkel Herbert nie wieder zu spät kommen. Doch leider sind seine Dia-Abende wirklich das Langweiligste, was ein Mensch sich nur vorstellen kann. So stehen Sie jedes Jahr nach Onkel Herberts Urlaub wieder vor der Frage: »Aus welchem Grund komme ich diesmal zu spät?« Selbst wenn Sie kein Erbschleicher sind: großes Pech, wenn Ihnen dann keine Ausrede in den Sinn kommt!

Was aber ist mit all den anderen Gelegenheiten, die Sie fast täglich beim Schopfe ergreifen, um zu spät zu kommen?
✻ Falls Sie noch zur Schule gehen: Ihre Lehrer können nicht einsehen, daß man als Schüler schon morgens etwas Freiraum braucht und daß acht Uhr wirklich keine menschenwürdige Zeit ist.
✻ Ihr Chef meckert auch nach zehn Jahren in der Firma immer noch, wenn Sie nicht pünktlich am Arbeitsplatz erscheinen.
✻ Ihre Kollegen überlegen ernsthaft (und leider laut und deutlich in Ihrer Gegenwart), daß Ihre verspätete Aktenbearbeitung endlich zu Konsequenzen führen müsse.
✻ Ihr/e Freund/in regt sich nur noch hin und wieder auf. Dann aber richtig! Von der Palme ist er/sie nur schwer wieder runterzukriegen.
Mit welcher Ausrede können Sie denen allen denn noch kommen? Bei langjährig eingeübten Zuspätkommern hat sich die Umgebung vielleicht schon so daran gewöhnt, daß man automatisch schon immer eine Stunde/einen Tag/eine

Woche/einen Monat mehr einplant, wenn man mit Ihnen eine Verabredung trifft.
Da hilft nur eins: Eine gute Ausrede für die Verspäterei muß her. Und so folgen nun die besten Ausreden für Zuspätkommer.

Ausreden für Schüler

Wenn die Technik nicht mitspielt:
Ich bin völlig fertig – der Fahrstuhl ist steckengeblieben. Und das bei meiner Klaustrophobie!

Wenn die Planung fehlschlägt:
In meinem Stundenplan ist heute die erste Stunde frei.

Wenn man kleinere Geschwister hat:
Mein/e Bruder/Schwester hat an meinem Radiowecker 'rumgespielt. Daraufhin hat das Ding seinen Geist aufgegeben. Das hab' ich aber erst um viertel nach 9 gemerkt.

Wenn die Sterne dagegen stehen:
In meinem Horoskop steht, ich soll heute nicht außer Haus gehen. Aber meine Mutter hat mich hergetrieben – seien Sie froh, daß ich da bin. Aber fragen Sie mich ja nicht aus!

Wenn man besonders fromm ist:
Ich war heute in der Frühmesse. Der Pfarrer hat mal wieder hoffnungslos überzogen.

Wenn man kurzsichtig ist:
Meine Brille ist zerbrochen – und so konnte ich nicht lesen, in welchen Bus ich eingestiegen bin. Es war der falsche...

Wenn Ihnen Umweltschutz besonders am Herzen liegt:
Meine Fahrradkette ist heute morgen gerissen. Und mit dem Auto fahre ich nicht, wegen der Luftverschmutzung.

Wenn ein Arztbesuch unumgänglich war:
Unser Hund hat aus Versehen eine Batterie verschluckt. Ich mußte mit ihm zum Tierarzt.

Ausreden fürs Büro:

Wenn Sie ein technisches Problem hatten:
Chef, ich finde, wir brauchen einen neuen Firmenwagen. Der alte springt überhaupt nicht mehr an.

Wenn Sie ein Schleimer sind:
Ich habe extra für Sie einen Parkplatz freigehalten. Und dann sind Sie schon hier im Büro!

Wenn Sie schon wieder mal im Stau standen:
Ich verstehe das wirklich nicht: Da haben wir Millionen von Arbeitslosen – aber die Staus frühmorgens werden immer länger. Vermutlich, weil die alle zum Arbeitsamt fahren.

Wenn Sie sich fortbilden:
Ich bin immer noch total fertig vom gestrigen Computerseminar. Es ging ja auch bis kurz vor 23 Uhr. Da kann ich heute doch wohl ein bißchen später anfangen.

Wenn Sie schlechte Sicht haben:
Unsere Katze hat meine Kontaktlinsen gefressen. Ich mußte mir beim Optiker neue machen lassen.

Wenn Sie ein kosmetisches Problem hatten:
Aus Versehen hab ich statt dem Haargel die Zahnpastatube erwischt. Sie können sich vorstellen, wie lange es dauerte, bis ich meine Haare wieder sauber hatte.

Wenn die Frühstückseier explodierten:
Mein Mann wollte mich mit einem Frühstück überraschen und hat die Fünf-Minuten-Eier in der Mikrowelle gegart –

das gab eine Sauerei! Und das alles wegen dieser Salmonellen!

Ausreden fürs Rendez-vous

Werden Sie pampig:
Was heißt hier »zu spät«? Wenn ich früher komme, paßt's dir auch nicht.

Versuchen Sie's mit Karrierestreben:
Mein Boss hat anscheinend Größeres mit mir vor. Er wollte unbedingt noch ein paar Sachen mit mir durchgehen.

Gehen Sie einfach bummeln:
Ich finde, wir sehen uns viel zu selten. Da wollte ich dir noch was Hübsches kaufen. Hab aber nichts gefunden – und plötzlich war's dann schon halb zehn...

Handeln Sie nicht »zwanghaft«:
Natürlich muß ich nicht zu spät kommen. Ich tu's freiwillig.

Seien Sie preisbewußt:
Ich war in drei Läden, um möglichst viele Sonderangebote zu ergattern. Hab' völlig kaputte Füße.

Seien Sie hilfsbereit:
Ich habe eine alte Dame nach Hause begleitet. Sie stand völlig verwirrt am Zebrastreifen und konnte sich erst nach drei Stunden erinnern, wo sie eigentlich wohnt.

Spielen Sie Erbschleicher:
Onkel Max-Hubert hat in der Firma angerufen. Er wollte irgendwas wegen seines Testaments klären. Da mußte ich natürlich noch zu ihm fahren.

Ich war in drei Läden, um möglichst viele Sonderangebote zu ergattern. Hab' völlig kaputte Füße.

Machen Sie Zeugenaussagen:
Ich habe heute direkt danebengestanden, wie ein Unfall passiert ist. Da wollte mich die Polizei noch für eine Aussage haben. Und das hat gedauert...

Trainieren Sie Ihren Körper:
Hab mich heute im Fitneß-Studio angemeldet. Die haben übrigens auch für dich was zu bieten.

Schwitzen Sie mal wieder:
Ich dachte, wir wollten uns in der Sauna treffen? Ich hab' da stundenlang auf dich gewartet.

Gehen Sie auf eine Demo:
In der Stadt war alles abgesperrt – ich mußte einen Riesenumweg machen.

Seien Sie kapitalistisch:
In der freien Wirtschaft kann man eben nicht pünktlich um 17 Uhr den Griffel fallenlassen.

Laden Sie sie/ihn zum Essen ein:
Eigentlich wollte ich uns beiden was Nettes zum Essen besorgen. Bis um 18.30 bin ich in der ganzen Stadt deswegen herumgerannt. Nirgends hab ich einen Hummer gekriegt. Dabei wollte ich dich damit überraschen.

Besuchen Sie eine Ausstellung:
Das war vielleicht peinlich: Alle Kollegen gingen heute in die Vernissage – nur ich wußte von nichts. Da mußte ich natürlich so tun als ob. Leider war in der neuen Galerie noch kein Telefon angeschlossen, sonst hätte ich dich gebeten nachzukommen.

Machen Sie eine Weinprobe:
Mein Chef bat mich heute um meine Meinung wegen seines Weinkellers. Da konnte ich nicht nein sagen.

Spielen Sie Lotto:
Stell dir vor, ich hatte vergessen, unseren Lottoschein abzugeben. Da hab ich nach der einen Lotto-Annahmestelle in unserer Stadt gesucht, die bis um halb zehn Uhr aufhat.

Seien Sie Tierfreund:
Ich habe am Autobahnende einen ausgesetzten Hund gefunden. Die Polizei kam ewig nicht, da hab ich ihn selbst zum Tierheim gebracht.

Leugnen Sie alles ab:
Was – ich komme zu spät? Ich denke, du bist heute in deiner Frauen/Männer-Gruppe. Und weil ich nicht alleine vor der Glotze hocken wollte, hab ich mir erst mal mit Kollegen ein Bierchen genehmigt.

Schieben Sie alles auf Ihre Vergeßlichkeit (diese Schiene haben wir ja bereits hinreichend trainiert):
In der S-Bahn war meine Tasche plötzlich verschwunden. Alles hab' ich abgesucht – und dann fiel mir ein, daß ich sie in der Firma liegengelassen habe. Mußte ich also nochmal hin, den Pförtner 'rausklingeln und ihn bitten, mir das Büro aufzuschließen.

Lassen Sie sich was klauen:
Bist du schon mal bei der Bahnpolizei gewesen? Ich kann dir nur sagen: Tu's dir nicht an. Mir ist die Aktentasche geklaut worden – und ich kann froh sein, daß ich wenigstens den letzten Zug noch gekriegt hab'!

Seien Sie eingeladen:
Der Boss und seine Frau waren heute bei einer Modenschau und haben mich mitgenommen. Danach haben sie mich zum Essen eingeladen. Da konnte ich nicht einfach absagen.

Legen Sie sich mit Tierschützern an:
Wollte mir doch glatt einer meine Webpelzjacke mit Farbe besprühen. Bis ich denen erst mal klargemacht hatte, daß die Jacke nicht aus echtem Pelz ist!

Wetten Sie mal wieder:
Letzte Woche hab ich mit Kollegen eine Wette gewonnen. Und das gewonnene Bier mußten wir heute trinken – gab keine andere Möglichkeit.

Fahren Sie mit dem Bus:
Stell dir vor, ich hatte total vergessen, daß du heute morgen das Auto hattest. Ich dachte, ich sei abgeschleppt worden. Und erst bei der Polizei fiel mir dann alles ein.

Gehen Sie auf den Flohmarkt:
Auf dem Parkplatz vor unserer Firma haben ein paar Studenten einen Flohmarkt abgehalten. Da hab ich mich nach einer Jugendstil-Lampe für dich umgeschaut. Leider gab's keine, aber der Typ behauptete, er hätte zu Hause eine. Bin ich also mit – war aber nichts.

Lassen Sie das Auto kaputtgehen:
Heute morgen hat der Motor schon so merkwürdige Geräusche von sich gegeben. Und auf dem Heimweg ist's dann passiert: Mitten im Stau gab das Auto seinen Geist auf. Und bis dann der Pannendienst kam…

Seien Sie nett zu Kindern:
Hab' mich in meine Jugend zurückversetzt gefühlt: Auf dem Bolzplatz spielten ein paar Jungs Fußball – da konnte ich nicht widerstehen und hab' ein bißchen mitgekickt.

Denken Sie an ihre Schönheit:
Ich war bei deiner Kosmetikerin und wollte dir ein besonders schönes Parfum mitbringen. Aber sie sagte mir, du hättest es dir schon selber gekauft. Warum denn nur?

Sorgen Sie für sein gutes Aussehen:
Ich weiß doch, wie sehr du dir einen Kaschmirpullover wünschst. Und weil du doch bald Geburtstag hast, hab' ich heute den verkaufsoffenen Donnerstag mal ausgenutzt. Konnte ich dir aber vorher nicht sagen.

Seien Sie eine gute Freundin:
Eva-Maria will sich von Peter trennen. Er hat sie gestern abend verprügelt. Da mußte ich ihr einfach beistehen.

Halten Sie viel von Kameradschaft:
Alexander hat herausgefunden, daß seine Frau ihn betrügt. Er wollte natürlich wissen, mit wem. Da haben wir ein bißchen Detektiv gespielt und sind ihr stundenlang durch die Stadt nachgefahren. Leider ohne Erfolg. Dafür kenne ich jetzt alle Boutiquen…

Besuchen Sie eine Konditorei:
Ich weiß doch, wie gerne du Baumkuchen ißt. Und ich habe in der Zeitung eine Anzeige entdeckt, daß man im Café XYZ besonders guten bekommt. Aber da mußte ich stundenlang Schlange stehen – und dann war der letzte weg.

Gehen Sie ins Last-Minute-Reisebüro:
Weißt Du, wir haben doch noch ein paar Tage Resturlaub. Da wollte ich dich mit einem Kurz-Trip überraschen. Was hältst du von einem verlängerten Wochenende im Gaza-Streifen oder in der Wüste Gobi? Was anderes gab es leider nicht mehr!

Spielen Sie den »armen Kranken«:
Mir geht's heute wirklich mies – ich muß mir den Magen verdorben haben. Im Büro wollten sie mich schon nach Hause schicken. Aber du kennst mich ja: Erst muß meine Arbeit erledigt sein. Natürlich konnte ich nicht so voll 'ranklotzen wie gewohnt – deshalb hat's länger gedauert.

Entwickeln Sie sich zum Computerfachmann:
Heute hatten wir schon wieder Schulung am PC. Ich hab's ja schnell kapiert, aber meine Kollegen? Denen mußte ich noch ewig lange Nachhilfe geben!

Wie bei allen Ausreden gilt auch für Zuspätkommer: So unwahrscheinlich kann die Geschichte gar nicht sein, als daß sie nicht geglaubt würde – wenn sie nur gut erzählt ist. Ein jeder – ob Lehrer, Chef oder Ehefrau/mann – weiß: Das Leben selbst schreibt die unglaublichsten Stories. Das sollten Sie ausnutzen. Wichtig ist nur: Die Details Ihrer Ausrede müssen stimmen – da verheddert man sich nämlich zu leicht in Widersprüche.
Das große Ganze dagegen – das kann ruhig von der Wahrheit abweichen (wir wollen ja nicht gleich sagen: gelogen sein!). Gerade bei Verspätungen, die häufiger vorkommen, ist der Wartende je nach Wartezeit allerdings gerne geneigt, die Sache durch inquisitorisches Befragen zu durchleuchten. Dem sollten Sie mit Ihrem antrainierten berühmten unschuldigen Blick entgegentreten. Und mit Einzelheiten, die auf jeden Fall nicht erstunken und erlogen sind.

Will heißen:
❋ Erzählen Sie nicht von Kollegen, die es in Ihrer Firma gar nicht gibt. Zu gern nämlich rufen Ehegatten/innen mal in Ihrer Arbeitsstelle an und fragen ganz harmlos nach Herrn/ Frau XYZ.

❋ Erfinden Sie keine Erbtanten und -onkel, die immer wieder Ihren Rat suchen und auf deren Beerdigung Sie auch gehen müssen. Selbst der dümmste Chef fragt sich irgendwann, warum Sie nach all den großen Erbschaften noch immer in seinem Betrieb arbeiten.

❋ Berichten Sie Ihren Lehrern nicht von geradezu unwahrscheinlichen Ereignissen im Familienkreis. Der nächste Elternsprechtag kommt nämlich bestimmt – und Lehrer haben ein verdammt gutes Gedächtnis.

Wer zu spät kommt, hat's natürlich meist eilig. Und fährt dann schon mal bei Rot über eine Ampel. Er muß dieses dann der Polizei erklären. Womit wir beim nächsten Kapitel wären: Ausreden für Autofahrer.

Kapitel 8

»Soo schlimm war's gar nicht...«

Ausreden für Autofahrer

Verharmlosen ist eine besonders beliebte Methode, sich aus einer Sache herauszureden. Man streitet sozusagen gar nichts ab, man gibt seinen Fehler zu – indirekt oder sogar direkt. Allerdings sofort mit einem deutlichen Hinweis auf den doch sehr geringen Schaden, der kaum der Rede wert ist.

Schon aus der Schulzeit kennen wir dieses Ausreden-Modell:

✻ Etwa wenn die halbwüchsige Tochter eine Fünf in Englisch mit nach Hause bringt, aber gleich vorbeugend erzählt, daß dies gar nicht so schlimm ist, weil nämlich die Arbeit insgesamt schlecht ausgefallen sei.

✻ Oder wenn der Junior zwar eine Rauferei mit dem Nachbarjungen gesteht, dabei aber tunlichst verschweigt, daß diese Rauferei in eine wahre Massenschlacht der ganzen Schulklasse ausgeartet ist, bei der Ihr Sohnemann der Rädelsführer war.

Klar, daß diese Geständnisse mit unschuldsvollem Blick vorgetragen werden, mit einem so überzeugenden Augenaufschlag, daß selbst der erfahrene Vater oder die leidgeprüfte Mutter auf das ausgebuffte Verhalten von Sohn oder Tochter hereinfallen.

Auch als Autofahrer neigt man dazu, mit der verharmlosenden Ausrede zu »arbeiten«. Meist hat man ja mit der Obrigkeit zu tun, ist also in einer ähnlichen Situation wie als Schüler den Eltern und Lehrern gegenüber. Doch bedauerlicherweise fällt kaum ein Polizist und schon überhaupt keine Politesse auf unschuldsvolle Blicke herein. Im Gegenteil.

Ob Sie

✻ im eingeschränkten Halteverbot »bloß mal eben was abgeholt haben«,

✻ beim Überholen »nur ein paar wenige Meter« zu dicht aufgefahren sind,

✻ auf dem Parkplatz den anderen »nur ein ganz kleines bißchen« touchiert haben,

✻ in der Stadt statt 50 km/h »höchstens 55½« gefahren sind:

Immer war alles zwar gar nicht soo schlimm.

Doch leider nützt dies nichts. Die »Freunde und Helfer in Uniform« schlagen trotzdem zu. Sie für Ihre Person können gar nicht verstehen, warum sich die Polizei über Ihre Verkehrsuntaten so sehr aufregt, daß Sie einen Strafzettel oder gar eine Anzeige bekommen.

Anders liegt der Fall, wenn Sie sich besonders genau an die Straßenverkehrsordnung halten. Dann haben Sie zwar vielleicht keine Strafzettel zu bezahlen. Sie können sich allerdings überhaupt nicht erklären, warum andere Verkehrsteilnehmer Ihnen gegenüber hin und wieder ein seltsames Verhalten an den Tag legen. Die Polizei läßt Sie zwar in Ruhe, aber Sie ernten manch bösen Blick, manch gezeigten Vogel und manch wüste Beschimpfung. Warum denn nur?? So schlimm ist's doch nun nicht, wenn Sie auf der Stadtautobahn mit 40 dahinschleichen!

Bei Ihren Mitbürgern kommen Sie mit der Harmlos-Methode sicherlich eher durch als bei den Hütern des Gesetzes. Sie werden zwar für bescheuert gehalten, aber es bleibt bei Beschimpfungen ohne rechtliche Konsequenzen. (Außer, Sie selbst erstatten Anzeige wegen Beleidigung.)

Etwas prekärer wird die Situation allerdings,

✻ wenn Sie Ihrem/r Liebsten erklären müssen, warum das nagelneue Auto einen Kratzer hat;

✻ wenn Sohnemann oder Töchterlein dem Papi beichten sollen, daß die zum erstenmal ausgeliehene Familienkutsche bedauerlicherweise durch eine Delle verunstaltet wurde;

* wenn die Fahranfängerin kurz nach bestandener Führerscheinprüfung und nach einer Probefahrt dem Autohändler beibringen muß, daß die Stoßstange komischerweise »plötzlich« eine Beule ziert;

Da empfiehlt es sich auf jeden Fall, nicht nur mit unschuldigem Blick zu »arbeiten«. Da sollten Sie sich dann schon etwas Besseres einfallen lassen: perfekte Ausreden nämlich. Bahn frei!

Wenn Sie auf dem Parkplatz des Supermarkts eine Delle »erstanden« haben:
Ich habe wirklich peinlich genau eingeparkt. Aber kann ich etwas dafür, daß ein paar Halbwüchsige mit den Einkaufswagen Roller fahren?

Wenn Sie plötzlich einen Kratzer an neuen Auto entdecken:
Das muß gestern in der Stadt passiert sein. Da haben mich bei der Demo plötzlich ein paar Chaoten eingekreist. Ich hab's dir nicht erzählt, weil ich dich nicht beunruhigen wollte.

Wenn Sie eine Beule in der Stoßstange haben:
Ich habe schon bei den Stadtwerken angerufen. Beim Kabelverlegen gestern früh haben die unser Auto erwischt.

Wenn Sie unkonzentriert fahren:
Ich kann's einfach nicht leiden, wenn du mich dauern kontrollierst. Willst du vielleicht ans Steuer?

Wenn Sie einen anderen falsch überholen:
Überholverbot? Hier? Ich dachte, das gilt nur für landwirtschaftliche Fahrzeuge.

Wenn Ihr Reifenprofil bemängelt wird:
Da muß mein Sohn gestern abend wieder einen Kavalierstart hingelegt haben. Denn morgens hatte ich noch genügend Profil.

Wenn Sie im Überholverbot zügig am anderen vorbeifahren:
Ich denke, man darf das. Im »7. Sinn« ist das letztens genauso gezeigt worden. Kann man sich auf die auch nicht mehr verlassen?

Wenn Sie innerorts die Lichthupe benutzt haben:
Wissen Sie, Herr Wachtmeister, das ist der Wagen meines Mannes. Ich fahre den eigentlich nie. Ich habe den Scheibenwischer gesucht...

Wenn Sie jemanden auf der Autobahn genötigt haben:
Ich habe mit dem Fahrer vor mir kein Wort gesprochen. Ich kann ihn also gar nicht genötigt haben.

Wenn Sie Lücken auf der Autobahn optimal ausnutzen:
Sehen Sie das doch ein: Dann passen viel mehr Autos in die Schlange.

Wenn Sie in der Stadt alle drei Spuren großzügig befahren:
Ich habe eine Wette abgeschlossen: Drei Wochen lang muß ich pro Ampelphase zwei Autos kriegen. Dann habe ich gewonnen.

Wenn Sie hupen:
Ich wollte meinen Vordermann nur vor Ihnen warnen. Und warnen darf man doch, steht in der Straßenverkehrsordnung.

Wenn Sie das Schild »Anlieger frei« großzügig auslegen:
Woher wollen Sie wissen, ob ich hier nicht ein Anliegen habe? Ich suche Herrn Dr. Schnödler – ganz dringend. Und der soll hier wohnen. Oder ist er etwa umgezogen?

Wenn Sie einen anderen ausbremsen:
Ich würde niemals unnötig bremsen, Herr Wachtmeister. Ich bremse allerdings für Tiere – das steht auf dem Aufkleber auch drauf. Und auf der Straße saß eine Taube. Garantiert!

Wenn Sie in der Stadt »rechts vor links« nicht beachten:
Ich finde, das sieht aus jeder Richtung anders aus. Gestern hatte ich an dieser Kreuzung auch Vorfahrt.

Wenn Sie mit abgelaufenem TÜV erwischt werden:
Sie werden's nicht glauben – aber ich wollte gerade zum Schrottplatz.

Wenn Sie bei einer Routinekontrolle angehalten werden:
Ich soll das Foto in meinem Führerschein mal erneuern? Warum denn? Es ist das einzige Jugendfoto, das ich von mir noch habe.

Wenn Sie den Verbandskasten nicht dabeihaben:
Mein Mann hat gerade Erste Hilfe geleistet – deshalb ist der Verbandskasten noch bei den Nachbarn.

Wenn die Polizei das Warndreieck sehen will:
Das steht bei uns daheim in der Garagenausfahrt. Leider kann's keiner mehr richtig zusammenklappen, sonst wär's im Kofferraum.

Wenn man Sie nach dem Ersatzreifen fragt:
Vom Werk her war eh nur ein Notreifen drin. Mit dem kann man ja nicht fahren – deshalb hab ich ihn gleich ganz herausgenommen.

Wenn das Abblendlicht nicht geht:
Komisch, beim Lichttest letzte Woche ging's noch. Aber tagsüber brauche ich es ja sowieso nicht. Und nachts fahre ich nie.

Wenn die Ampel schon auf Rot stand:
Ich konnte einfach keine Notbremsung mehr machen. Mein Hintermann wäre glatt auf mich draufgefahren.

Wenn Sie eine Blitzampel bei Rot überquert haben:
Ich bin so erschrocken, daß ich nochmals aufs Gas trat. Rein theoretisch habe ich aber gebremst.

Wenn Sie über 60 km/h drauf hatten:
Ist mir gar nicht aufgefallen – alle sind ja so schnell gefahren. Warum haben Sie ausgerechnet mich herausgeholt?

Wenn Sie über 70 km/h drauf hatten:
Wäre ich wirklich nur 50 gefahren, hätte ich den Verkehr behindert. Und dann hätt's einen Stau gegeben und das wäre Ihnen doch auch nicht recht, oder?

Wenn Sie über 80 km/h drauf hatten:
Wow – so schnell fährt mein alter Käfer noch?

Wenn Sie über 90 km/h drauf hatten:
Das kann gar nicht sein, Herr Wachtmeister. Oder ist mein Tacho schon wieder ausgefallen? Ich war gerade in der Werkstatt deswegen...

Wenn Sie über 100 km/h drauf haben:
Ich hab' da zwar ein Schild gesehen. Stand »Mindestgeschwindigkeit« drauf. Ich dachte, da müsse man schneller fahren als 100. Ach? Das hieß »Höchstgeschwindigkeit«?

Wenn Sie statt 40 km/h achtzig drauf hatten:
Ich habe einen dringenden Termin. Es geht um Leben und Tod. Das Finanzamt hat mir den Buchprüfer ins Büro geschickt.

Wenn Sie mit 120 auf der Stadtautobahn geblitzt wurden:
Ich glaube kaum, daß Ihre Radargeräte auf solch hohe Geschwindigkeiten eingestellt sind.

Wenn Sie den Führerschein nicht dabei haben:
Ich habe doch einen Leihwagen. Die Papiere liegen bei der Verleihfirma.

Wenn Sie die Fahrzeugpapiere vergessen haben:
Der ADAC hat erst kürzlich empfohlen, keine wertvollen Sachen im Auto liegenzulassen. Deshalb sind meine Papiere daheim im Safe.

Wenn Sie beim Falschparken ertappt werden:
Hören Sie mal! Mir gehört der Häuserblock hier. Man wird doch wohl auf seinem eigenen Grund und Boden stehen dürfen.

Wenn Sie im Halteverbot erwischt werden:
Das Parkhaus war voll – und ich mußte dringend aufs Klo.

Wenn Sie ohne Parkscheibe parken:
Ich wollte mir gerade eine kaufen – deswegen mußte ich hier ja auch parken.

Wenn Sie auf dem Radweg parken:
Ich hatte extra den Gang rausgenommen. In Paris hat das immer geklappt. Sie hätten den Wagen leicht wegschieben können.

Wenn Sie eine Politesse in Ausübung ihres Amtes entdecken:
Gestern hab' ich hier geparkt, vorgestern auch – da hat mir keiner einen Strafzettel verpaßt. Wieso ausgerechnet heute? Das ist ganz schön inkonsequent.

Wenn Sie in eine Alkoholkontrolle geraten:
Ich kann nicht in Ihr Röhrchen blasen. Ich habe Asthma.

Das Parkhaus war voll – und ich mußte dringend aufs Klo.

Wenn Sie dringend zum Blasen aufgefordert werden:
Ist das Röhrchen auch steril? Ich will mir hier ja keine gräßlichen Krankheiten holen!

Wenn Sie Ihr Auto stehenlassen sollen:
Ich kann nicht nach Hause laufen. Und fürs Taxi habe ich kein Geld. Fahren Sie mich in Ihrem schönen grünen Auto? Aber bitte mit Tatütata! Damit ich meinen Kindern imponieren kann...

Wenn das Röhrchen sich verfärbt:
Ich hatte nur zwei Bier bestellt. Was kann ich dafür, daß die anderen alle mein Kollege bezahlt hat.

Wenn Sie gebeten werden, beim Blasen nicht zu schummeln:
Beleidigen Sie mich bitte nicht. Ich bin von Beruf Biertester und fühle mich in meiner Berufsehre gekränkt.

Wenn Sie zur Wache mitgenommen werden:
Ich weigere mich, auf dem Strich geradeaus zu laufen. Ich bin eine anständige Frau!

Wenn Sie auch noch Ihre Nase mit geschlossenen Augen treffen sollen:
Das finde ich ja toll, Herr Wachtmeister. Bei solchen Kinderspielen hab' ich früher schon immer gewonnen. Können Sie das eigentlich auch?

Wenn der Arzt zum Bluttest kommt:
Meinen Sie nicht, Herr Doktor, daß Sie gerade eben einen potentiellen Privatpatienten verlieren? Noch haben Sie allerdings eine klitzekleine Chance...

Wenn Sie zum Bluttest gebeten werden:
Herr Doktor, ich kann kein Blut sehen. Deshalb mußte ich mir Mut antrinken.

Wenn der Arzt Sie in den Arm piekst:
Übrigens, ich bin Bluter. Können Sie das verantworten?

Wenn Ihnen nach der Blutabnahme etwas schwindelig wird:
Mir geht 's jetzt gar nicht gut. Können das schon die ersten Anzeichen von AIDS sein?

Wenn Sie eindeutig zuviel getrunken haben:
Mein Arzt hat mir wegen meiner Nierensteine täglich Weißbier verordnet. Medikamente zahlt die Kasse ja nicht mehr.

Wenn Sie ganz schön getankt haben:
Hab' ich ein Glück, Herr Wachtmeister. Ich hätte alleine nicht mehr heimgefunden. Rufen Sie mir ein Taxi?

Wenn Sie einen »Nachtrunk« zu sich genommen haben:
Ich war zwar auf einer Weinprobe, aber ich habe dort nur Wasser getrunken. Daheim auf dem Parkplatz mußte ich dann alles nachholen – sonst hätte meine Frau mir doch nie geglaubt.

Wenn Sie ohne Führerschein erwischt werden:
Ich krieg' ihn erst in sechs Wochen wieder. Aber ich wollte schon mal ein bißchen üben.

Wenn Sie Ihren Führerschein nicht zeigen wollen:
Ich kann Ihnen alle Angaben auch so geben. Hab' ich auswendig gelernt.

Wenn Sie für einen Schwarzfahrer gehalten werden:
Was erlauben Sie sich? Fragen Sie mich doch was: Ich kann alle Verkehrsregeln auswendig!

Wenn Sie Ihre Fahrzeugpapiere zeigen sollen:
Sie sollten lieber Ihrer Menschenkenntnis und meinen treuen blauen Augen vertrauen. Wissen Sie eigentlich, wieviele gefälschte Papiere es heutzutage gibt?

Wenn Sie den Führerschein abgeben sollen:
Ist das nicht ein Witz? Letzte Woche hätten Sie mich mal erwischen sollen – da war ich richtig besoffen. Heute hatte ich nur zwei Viertel Wein.

Wenn Sie Ihren Schein am nächsten Morgen abholen dürfen:
Ich hatte wirklich nichts getrunken. Wir haben nur am Rumtopf genascht.

Wenn Sie zugeben, daß Sie betrunken gefahren sind:
Wenn Sie meine Probleme hätten, würden Sie auch saufen, Herr Wachtmeister.

Wenn Sie als Geisterfahrer gestoppt werden:
Ich fahre in die falsche Richtung? Vielleicht will ich genau da hin!

Wenn Sie verkehrt einbiegen:
Bei diesem Sauwetter hatte ich auch noch Aquaplaning. Außerdem haben mich die vielen Schilder in der Dunkelheit völlig verwirrt.

Wenn Sie eine Einbahnstraße verkehrt herum benutzen:
Ich hab' gedacht, ich tu's der Umwelt zuliebe. Es sind doch nur 12 Meter. Außen herum wären es 150 Meter.

Natürlich können wir hier nicht alle Situationen durchspielen, in die Sie als Autofahrer geraten können. Sie sollten bei Ihren Ausreden im Straßenverkehr allerdings folgendes beherzigen:

* Wenn nichts passiert ist, können Sie immer auf »Unschuld vom Lande« plädieren.

* Spielen Sie nicht den allzu Doofen – die Polizei glaubt nicht alles. Verharmlosen jedoch ist erlaubt.
* Hüten Sie sich davor, Polizei und Politessen zu beleidigen. Schneller als Sie's ausgesprochen haben, sind Sie sonst außerdem noch wegen Beamtenbeleidigung dran.
* Perfekte Autofahrer gibt es nicht – ebenso wenig wie perfekte Polizisten. Begegnet man unseren Freunden und Helfern freundlich und mit ein bißchen Humor, stehen die Chancen gut, daß Sie denselben zurückbekommen. Und das ist dann schon die halbe Miete.

Im Zweifel können Sie sich ja darauf hinausreden, Sie seien von Natur aus ein wenig tolpatschig und Ihr Vergehen habe nichts mit böser Absicht, sondern Ihrer Ramdösigkeit zu tun. Wie diese Ausreden gehen!? Bitte umblättern!

Kapitel 9

»Das wollte ich aber wirklich nicht!«

Ausreden für Ungeschickte

Besonders geschickt, weil das Herz des Geschädigten erweichend, ist die Ausredemethode, die sogleich mit einer Entschuldigung verbunden wird:

✻ Sie geben Ihr Fehlverhalten zu.

✻ Sie bekunden Ihr tiefes Bedauern über das Mißgeschick und

✻ Sie verbinden das Ganze mit besänftigenden Worten, aus denen klar erkennbar wird, daß keinerlei, auch nicht die geringste böse Absicht bestand.

Dem Geschädigten bleibt gar nichts anderes übrig: Er muß verzeihen.

Und damit hat diese Methode der Ausrede ihren Zweck voll erfüllt. Denn es ist unheimlich schwer, die eigentliche, gute Absicht zu verabscheuen, wenn sie leider und bedauerlicherweise in ein Mißgeschick umgeschlagen ist.

Es tut Ihnen ja so unendlich leid und war gewiß nicht Ihre Absicht,

✻ zu stolpern und die volle Kaffeekanne auf die weiße Bluse Ihrer (verhaßten) Schwägerin zu kippen;

✻ die Zigarette fallen zu lassen, hastig danach zu greifen, um ein Brandloch zu verhindern, und dabei leider das Tischchen mit der Blumenvase umzustoßen;

✻ beim Hangeln nach der Weinflasche die gesamte Tischdekoration auf den Boden zu befördern. Sie wollten doch nur nicht, daß extra jemand aufstehen muß, um Ihnen die Flasche zu reichen

✻ beim Zurechtrücken eines schiefhängenden Bildes eine komplette Eigentumswohnung dem Erdboden gleichzumachen, wie das weiland Loriot in genialer Perfektion vorgeführt hat (»Das Bild hing schief.«).
Vielleicht stehen Sie in Ihrer gesamten Verwandt- und Bekanntschaft als ungeschickter Tolpatsch da. Doch was macht's?! Hauptsache, Sie haben eine immer passende Ausrede für jegliches Mißgeschick.
Genauso ist's natürlich, wenn Sie zwar nicht ungeschickt handeln, wenn Ihnen aber ein gesellschaftlicher Fauxpas unterläuft:
✻ Sie laden zu Ihrem Fest nicht nur das Ehepaar Müller ein, sondern auch noch deren Intimfeinde, die Schmidts.
✻ Sie schenken Ihrem Cousin zu 50. Geburtstag Autofahrer-Handschuhe – und denken gar nicht daran, daß der Gute für die nächsten sechs Monate keinen Führerschein sein eigen nennt.
✻ Sie erzählen dem netten Herren auf der Party, was Ihr Mann von seinem Boss hält – und müssen nach einer Viertelstunde entdecken, daß der nette Herr eben dieser ist.
✻ Sie gratulieren einer Nachbarin zum 45. Geburtstag und wundern sich über das schnippische Danke. Erst später erfahren Sie, daß die Dame erst 39 geworden ist.
Peinlich, peinlich. Dabei wollten Sie stets nur das Allerbeste:
✻ Sie wollten ein schönes Fest feiern.
✻ Sie wollten Ihrem Cousin eine Freude machen.
✻ Sie wollten Ihrem Mann helfen.
✻ Sie wollten freundliche Glückwünsche loswerden.
Zu dumm, daß dies alles ins Gegenteil umgeschlagen ist. Doch mit ein paar Worten räumen Sie – indem Sie Ihre gute Absicht bekunden – alle Mißgeschicke aus den Weg.
Und der Ungeschickte selbst? Er sitzt zwar vielleicht im Fettnapf. Na und? Wenn er zur unbedarften Sorte Mensch gehört, macht ihm das gar nichts aus. Hat er sich dagegen mit voller Absicht in den Fettnapf hineinbegeben, um eine perfekte Ausrede zu inszenieren, macht's ihm auch nichts

aus. Im Gegenteil: Er hat sein Ziel erreicht. Und damit ist seine Ausrede nahezu perfekt.
Im folgenden ein paar Wege zu diesem Ziel:

Nach verschüttetem Rotwein auf einer/m weißen Bluse/ Hemd:
Oh, Entschuldigung. Das ist normalerweise nicht meine Art, Bekanntschaften zu schließen. Darf ich Sie trotzdem zum Essen einladen?

Nach dem kleinen Auffahrunfall:
Sie müssen das positiv sehen: Wir haben den Beweis geliefert, daß die Höhe der Stoßstangen endlich genormt werden muß.

Nachdem Sie den falschen Platz im Theater eingenommen haben:
Verzeihung, meine Dame, aber man muß ja überall mal gesessen haben.

Nachdem Sie einen an die Kollegin gerichteten Brief öffneten:
Du, das wollte ich wirklich nicht. Aber du brauchst ihn jetzt nicht mehr zu lesen, er schreibt denselben Schmus wie immer.

Nachdem Sie zum 50. statt zum 47. Geburtstag gratulierten:
Also ich wollte Sie wirklich nicht älter machen als Sie sind! Nur wissen Sie, Ihre Gelassenheit läßt Sie reifer erscheinen…

Dasselbe Beispiel im Falle einer Dame:
Sie müssen mir verzeihen, meine Liebe! Aber diese Aura der Reife…

Nachdem Sie Ihrem Cousin Autofahrer-Handschuhe schenken, obwohl er keinen Führerschein (mehr) hat:
Lieber Dietmar, das darfst du nicht falsch verstehen. Mit diesen Handschuhen kannst du üben, alles wieder in den Griff zu bekommen!

Nachdem Sie in einer Kettenreaktion die halbe Wohnung Ihrer Freunde demolierten:
Oh weh, oh weh! Aber in der Fernsehwerbung geht das immer gut aus! Mal sehen, was meine Versicherung meint…

Nachdem man dem Falschen sein Herz ausgeschüttet hat:
Andere würden jetzt vielleicht sagen, oh wie peinlich! Aber ich denke, Sie haben es verdient, die Wahrheit zu erfahren.

Nachdem Sie im Schwimmbad jemandem auf den Kopf sprangen:
Tut mir ja echt leid – aber Sie haben Glück im Unglück: Ich bin ausgebildeter Sanitäter. Ich hätte Sie auf jeden Fall an den Beckenrand gezogen und dort wiederbeatmet!

Nachdem Sie Ihre Frau zu Unrecht verdächtigten:
Schatz, wie kann ich das nur wieder gutmachen? Ich kann dir nur beteuern: Nur aus Liebe zu dir bin ich rasend vor Eifersucht!

Nachdem Sie Ihren Mann zu Unrecht verdächtigten:
Liebling – kannst du mir noch einmal verzeihen? Aber seit Hans-Hugo mich damals schnöde sitzenließ, leide ich ständig unter Verlustängsten.

Nachdem Ihre Eltern sauer sind, weil Sie daheim ausziehen:
Ich muß endlich auf eigenen Füßen stehen. Aber tröstet euch: Ich habe mein Appartment ganz in der Nähe. Mit der Schmutzwäsche und zum Essen komm' ich immer noch zu euch.

Nachdem Ihre Eltern sauer sind, weil Sie mit 30 Jahren immer noch daheim wohnen:
Ist doch prima für euch. Wenn ihr krank seid, pflege ich euch. Und bei euch ist's ja so gemütlich. So ein Heim könnte ich mir selbst gar nicht schaffen.

Nachdem Ihre Kollegen endlich merken, daß Sie sie seit Monaten beim Chef anschwärzen:
Tja, liebe Leute – was tut man nicht alles, um den Betrieb hier aufrecht zu erhalten?!

Nachdem Sie das geliehene Auto in der Waschstraße verkratzt haben:
Ich wollt' euch euer Auto frisch geputzt wiederbringen. Jetzt wird's auch noch frisch lackiert – leider dauert das 'ne Woche.

Nachdem der Eisbecher auf den schwarzen Anzug kippte:
Hach, entschuldigen Sie! Aber das muß mein schlechtes Gewissen gewesen sein: Ich bin nämlich eigentlich auf Diät!

Nachdem Sie beim Anstreichen die falsche Farbe nahmen:
Was – du wolltest das Zimmer in Cremeweiß? Warum stand dann die altrosa Farbe herum? Aber das wirkt sowieso viel fröhlicher – oder nicht?

Nachdem Sie im Garten alle Edelgehölze gefällt haben:
Ich dachte, ich mach' dir eine Freude, wenn ich mal alles Gestrüpp entferne und deinen Garten auf Vordermann bringe.

Nachdem Sie den Pudel Ihrer Tante zum Scheren brachten:
Mag ja sein, daß dein Muckel etwas ungewohnt aussieht. Aber dafür grüßt ihn jetzt beim Gassigehen jeder Königspudel.

Nachdem Sie ein neues Telefon bestellten:
Wie – das alte war noch okay? Ich denke, du willst einen abhörsicheren Apparat im Schlafzimmer?

Nachdem Sie in der Buchhandlung das eine Buch so herausnahmen, daß alle anderen runterfielen:
Mein Gott, wie peinlich ist mir das. Andererseits können Sie die anderen jetzt als leicht beschädigte Ware sicher schneller verkaufen – die werden doch billiger, oder?

Nachdem Sie im Supermarkt gegen das Eierregal stolperten:
Sind Sie sicher, daß alle Eier frisch waren? Hier riecht's so komisch...

Nachdem Sie im kleinen Bistro den Nachbartisch umstießen:
Oh, was bin ich ungeschickt. Ich wollte nur den Kellner um die Rechnung winken. Aber hier ist's so eng...

Nachdem Ihre Zigarette auf den Samtrock Ihrer Freundin fiel:
Jetzt ist es soweit – dieses Unglück hat mich überzeugt: Ich höre dir zuliebe mit dem Rauchen auf.

Nachdem Sie sich auf die Brille setzten:
Ich habe eine gute Haftpflichtversicherung – jetzt können Sie sich mal was anderes als ein Kassengestell leisten.

Nachdem Sie den echt antiken Stuhl zerbrachen:
Tut mir leid – ich dachte, diese alten Stücke halten mehr aus. War schon früher also keine Wertarbeit.

Nachdem Sie den Drohbrief ans Finanzamt wirklich wegschickten:
Jetzt bekommt mein Steuerberater endlich mal was zu tun – soll er doch sehen, wie er mich da rauspaukt!

Nachdem Sie das Tagebuch Ihrer halbwüchsigen Tochter gelesen haben:
Ja, ich weiß – ein Tagebuch ist eine höchst private Angelegenheit! Dann versteck' den Schlüssel nächstens besser!

Nachdem es Ihrem Sohn ach-so-peinlich war, daß Sie ihn auf dem Sportplatz mit Bussi begrüßten:
Das mußt du verstehen, Burschi, du bleibst eben immer mein einziger! Auch wenn du jetzt in der Bundesliga spielst!

Nachdem Sie Ihrer Erbtante beibringen mußten, daß Sie keine Karriere gemacht haben:
Tut mir leid, Tantchen, ich bin für die höhere Beamtenlaufbahn einfach nicht geeignet. Aber um so mehr brauche ich dein Geld!

Nachdem Sie für Ihre/n Liebste/n das absolute falsche Lieblingsdessert zubereiteten:
Ach – ich dachte immer, du wärst das, der für Rote Grütze alles gibt. Hmmm, wer mag das dann wohl gewesen sein?

Nachdem Sie verfeindete Freunde versöhnen wollten:
Nachdem mein Versöhnungsversuch leider vergeblich war, bleibt mir nur, mich euch beiden als Sekundant anzudienen. Und wer zahlt mein verwüstetes Wohnzimmer?

Nachdem Sie die kompromittierenden Fotos Ihrer besten Freundin offen herumliegen ließen:
Mein Gott, nun hab dich doch nicht so. Die Fotos hätt' ich meinem Mann natürlich nicht zeigen sollen. Allerdings – er war der einzige, der sie noch nicht kannte.

Nachdem Sie die schlechten Mathe-Noten Ihrer Tochter ausgeplaudert haben:
Was soll ich Papa versprochen haben? Nie würde ich deinen Vater anlügen, wenn's um deine Noten geht. Hab' mit meinen eigenen Geheimnissen genug zu tun!

Nachdem Sie die Freundin Ihres Sohnes genauer kennenlernten wollten:
Süßes Mädel, die Ilse! Ich habe sie auch gleich über deine Charaktermängel aufgeklärt – man darf ein so junges Ding nicht blind in seine Zukunft rennen lassen!

Nachdem Sie aus Versehen einen Hundertmarkschein mitgewaschen haben:
Ich frage mich allerdings wirklich, wie der in deine Jeanstasche kommt.

Nachdem Sie Ihre Scheckkarte samt Schecks verloren haben:
Ich bin bestimmt unschuldig – die Sachen sind mir geklaut worden.

Nachdem Sie Ihrer Tochter das falsche Haarfärbemittel kauften:
Nun probier's doch wenigstens mal aus. Ich denke mir, du willst modisch up to date sein – violett ist wahnsinnig in.

Nachdem Sie den Lottoschein nicht abgegeben haben:
Sieh's doch mal so, Männe: Jetzt waren wir 20 Jahre ohne Millionen glücklich. Willst du das wirklich aufs Spiel setzen?

Nachdem Sie wieder mal den Hausschlüssel unauffindbar verlegten:
Das tue ich schließlich nur, damit ihn nicht jeder sofort findet und bei uns einbrechen kann.

Nachdem Sie die Blumen im Wintergarten überdüngt haben:
Ich dachte, die armen Pflanzen brauchen im Winter einfach mehr.

Nachdem die Milch aus dem Großeinkauf sauer geworden ist:
Macht gar nichts – die kann man immer noch als Dickmilch essen. Das ist sehr gesund.

Nachdem die Marmelade beim Einkochen nicht fest geworden ist:
Ich versteht nicht, woran das liegt. Dabei ist's doch ein Rezept deiner Mutter.

Nachdem die vergessene Kerze im Wohnzimmer fast das Haus niederbrannte:
Du findest doch Kerzenlicht immer so stimmungsvoll! Da will man einmal was für die Romantik tun...

Nachdem Sie wieder mal den Müll nicht runtergebracht haben:
Ich dachte, du hättest den Abfall noch nicht ordnungsgemäß getrennt.

Nachdem Sie beim Eislaufen jemanden gerammt haben:
Tut mir echt leid. Aber was müssen Sie mir auch in meinen dreifachen Doppelaxel 'reinstolpern?

Nachdem Sie die Eintrittskarten fürs Fußballspiel weggeworfen haben:
ich dachte, das wären die alten von letzter Woche. Die hätten doch eh keine Gültigkeit mehr gehabt, oder?

Nachdem der Text in Ihrem Computer wieder mal verschwunden ist:
Ich dachte, du hattest gesagt, man kann das Ding einfach ausschalten, wenn man fertig ist. Wird nicht automatisch gesichert?

Nachdem das frischgeputzte Familienauto völlig verdreckt ist:
Ich war nur kurz im Getränkemarkt, um dein Bier zu holen. Konnte ja nicht ahnen, daß es zu einem Wolkenbruch kommt.

Nachdem Sie für den Chef Ihres Mannes genau die falsche Cognacsorte besorgt haben:
In der Werbung sagen sie immer, das wär' genau der richtige. Dein Boss ist ganz schön verwöhnt.

Nachdem Sie Ihre Wäsche nicht aprilfrisch hingekriegt haben:
Ich habe nur gemacht, was Clementine mir empfohlen hat. Vielleicht sind deine Hemden nicht aus dem richtigen Material?

Nachdem Sie den falschen Videofilm aufgenommen haben:
Ich dachte, du würdest dich endlich mal für »Aspekte« interessieren – und nicht nur für diese blöde »Lindenstraße«. Gut, dann bleiben wir halt jetzt jeden Sonntag zu Hause!

Nachdem Ihnen der zu hütende Hund abhanden gekommen ist:
Seien Sie bloß froh, meine Liebe. Der hat Ihnen doch fast die Haare vom Kopf gefressen. Und als Wachhund war er auch nicht optimal – hat er nicht letztes Jahr den Einbrecher 'reingelassen?

Nachdem Sie die scheußliche Vase Ihrer Schwiegermutter glücklicherweise endlich in Scherben verwandelten:
Ach Gott, wie furchtbar! Das war die Ming-Vase aus der Erbmasse, nicht wahr? Ob deine Mama solch ein Stück nochmal bekommt? Wenn nicht: Sie soll uns das Geld geben – ich klappere mal die Antquitätengeschäfte in der Stadt ab!

Nachdem Ihnen die Lektorin Ihres Verlages ein völlig verkorkstes Manuskript zurückgibt:
Als ich noch unter dem Pseudonym »Johannes Mario Simmel« schrieb, haben Sie mir jeden Text unbesehen abgenommen. Ich wußte ja nicht, daß Sie inzwischen lesen gelernt haben…

Nachdem uns jetzt keine peinliche Situation für Ungeschickte mit dazu passender Ausrede mehr einfällt: Macht nichts – wir finden, es sind schon genug. So gewappnet, stolpern wir ins nächste Kapitel. Da geht's um uns – um die Selbstbewußten!

Kapitel 10

»Ja und – das macht doch nichts!«

Ausreden für Selbstbewußte

Wofür – bitteschön! – brauchen Sie eigentlich überhaupt Ausreden? Haben Sie das nötig? Sie sehen doch immer wieder: In so mancher Situation ist es genau richtig, eben keine Ausrede zu gebrauchen, sondern noch eins draufzusetzen.

Geben Sie einfach zu, daß Sie etwas getan haben, was in den Augen mancher Mitbürger nicht ganz okay ist. Dafür haben Sie nämlich dann auch die (insgeheime) Genugtuung: Eine schweigende Mehrheit vieler Millionen Mitbürger stimmt Ihnen (insgeheim) zu. Das Fazit: So falsch können Sie also gar nicht gelegen haben.

Natürlich wollen wir hier nicht zum Betrug aufrufen. Aber seien Sie bitte mal ganz ehrlich – ausnahmsweise:

✻ Weisen Sie eine Kassiererin im Supermarkt auf ihren Fehler hin, wenn Sie Ihnen zu wenig berechnet?

✻ Schlagen Sie im Lokal Alarm, wenn der Kellner sich zu seinen Ungunsten irrt?

✻ Fordern Sie etwa nachdrücklich eine Rechnung an, wenn bei einer Möbellieferung ein Sessel aus Versehen nicht auf dem Lieferschein auftaucht?

✻ Zahlen Sie etwa jede Rechnung, jeden Strafzettel sofort? Oder lassen Sie sich nicht Zeit, bis die erste – zweite – dritte Mahnung ins Haus flattert?

✻ Haben Sie noch nie bei Ihrer Versicherung einen Schaden gemeldet, der gar keiner war?

Na also. Wahrscheinlich werden Sie – so, wie wir Sie kennen – noch im Freundes- und Bekanntenkreis damit herum-

prahlen, daß Sie ein echtes »Schnäppchen« gemacht haben. Daß Sie nicht daran denken, die zwar rechtmäßige, aber dennoch in Ihren Augen überhöhte Rechnung des Handwerkers, der Autoreparatur, des Augenarztes sofort zu bezahlen. Sie wissen zudem ganz genau, daß kaum einer Ihrer Freunde und Bekannten anders handeln würde.
Zwar mag das der allgemeinen Moral nicht direkt förderlich sein, und natürlich wird bei solch einem Verhalten auch jemand geschädigt; aber andererseits gilt: Der Schaden ist ja eigentlich sowieso schon von der Allgemeinheit – also auch Ihnen – bezahlt worden.

Jeder weiß doch, daß
- selbst in den billigen Supermarktpreisen »Ladendiebstahl« (und den haben Sie ja nicht begangen!) einkalkuliert ist;
- in den meisten Lokalen sowieso überhöhte Preise genommen werden;
- im Möbellager genug Leute da sind, die aufpassen sollten, daß kein Fehler passiert;
- Ihr Arzt zwar immer sofort eine Rechnung schickt, aber das Geld im Grunde nicht umgehend erwartet;
- Versicherungsprämien den Betrug bereits enthalten.

Daraus folgt:
- Sie sind völlig unschuldig am Geschehen.
- Sie können in aller Ruhe von sich behaupten, daß Ihnen kein Fehler, kein Mißgeschick nachgewiesen werden kann.
- Sie haben kein schlechtes Gewissen.
- Sie suchen deshalb nicht nach einer guten Ausrede, sondern geben Ihre »Untat« ruhig zu, sind vielleicht sogar noch aus sportlichem Ehrgeiz heraus stolz darauf.

Und deshalb gilt für Sie: Sie suchen Ausreden nur deshalb, um für Ihren Fehler bei anderen Zustimmung zu bekommen. Vielleicht »erfinden« Sie sogar einen Fehler, um damit anzugeben. Dann sind folgende Situationen für Sie genau maßgeschneidert.

In der Schule:

Wenn Sie keine Hausaufgaben gemacht haben:
Der Bus war so voll – ich bekam keinen Sitzplatz. Und im Stehen kann man keine Geometrie machen.

Wenn Sie die Schule geschwänzt haben:
Wollen Sie wirklich der Wahrheit ins Auge sehen? Na gut: Ich hatte einfach keinen Bock!

Wenn Sie zu spät gekommen sind:
Sie sind doch selber schuld, wenn Sie ohne mich anfangen. Schauen Sie sich doch mal die leeren Ränge an! Da wäre jeder Fußballclub längst pleite.

Wenn Sie eine Sechs bekommen:
Was juckt es eine Eiche, wenn ein Schwein sich an ihr kratzt?

Wenn Sie einen Fehler gemacht haben:
Wir sind völlig derselben Meinung: Das ist einfach Bockmist!

Wenn Sie frech werden:
Früher wäre Ihnen das sofort aufgefallen – ich glaube, Sie werden langsam alt.

Am Arbeitsplatz:

Wenn Sie von Kollegen wegen mangelndem Respekt vor dem Chef kritisiert werden:
Warum soll sich ein Baum hinter einem Gebüsch verstekken?

Wenn Sie zum x-ten mal zu spät kommen:
Ich habe einfach keinerlei Zeitgefühl. Seit heute morgen ist meine Uhr kaputt – und ich hab's nicht mal gemerkt.

Wenn Sie eine Arbeit nicht erledigt haben:
Sie wären doch völlig überflüssig, Chef, wenn alles klappen würde.

Wenn Sie mit Ihrem Boss sehr nonchalant umgehen:
Ach wißt Ihr, ich habe ihn mal in der Sauna getroffen. Leiiider war er nicht allein...

Wenn Sie mit dem Boss einiges verbindet:
Ich will ja nichts vermischen, aber meine Frau kennt seine Frau.

Wenn Sie dem Abteilungsleiter Widerworte geben:
Lieber Kollege, der braucht das. Worüber sollte er sich sonst aufregen bei unseren Leistungen?

Wenn Sie im Büro zu spät dran sind:
Ich war schon auf dem Arbeitsamt, mich nach einem neuen Job umgucken.

Wenn Ihr Chef Sie unfreundlich findet:
Ich bin hier als Sekretärin angestellt, nicht als Seelenmasseuse.

Wenn Sie wegen Verliebtheit blaumachen:
Mich hat's erwischt – und ich möchte wirklich nicht, daß mein Virus sich auf den Firmencomputer überträgt.

Wenn Sie ein Manuskript nicht pünktlich liefern:
Ja und? Gut Ding will Weile haben. Und ich liefere Ihnen ja keinen Schund!

Wenn Sie Verleger sind:
Ich weiß gar nicht, was Sie haben. Ihre Honorar-Anweisung ist gestern raus.

Ja und? Gut Ding will Weile haben. Und ich liefere Ihnen ja keinen Schund!

Im Umgang mit Staatsdienern

Beim Bußgang zu Behörden ist Bescheidenheit am falschen Platz. Deshalb:

Wenn Ihnen der Finanzbeamte ruppig kommt:
Haben Sie schon einmal über die Entstehung Ihres Gehalts nachgedacht?

Wenn Sie zum 33. Mal nach Ihrem Bauantrag fragen:
Mir scheint, die Pensions-Berechtigung ist Ihre einzige.

Wenn das Finanzamt wieder einmal mahnt:
Den Steuerbescheid und die Mahnung habe ich nie bekommen. Mein Sohn vernichtet alle Briefe mit amtlichen Stempeln, weil ja einer von der Schule dabei sein könnte.

Wenn Sie sich zu hoch veranlagt finden:
Wissen Sie, Herr Amtsrat, ich hatte nie geglaubt, daß es so etwas wie Raub durch Einzugsermächtigungen gibt.

Wenn im Amt Verwirrung herrscht:
Sie sind selbst schuld, Herr Müller, daß Sie keine Antwort von mir erhalten haben: Nach acht Müllern habe ich die Gespräche mit dieser Verwaltung aufgegeben. Haben Ihnen Ihre Eltern keinen Vornamen gegeben?

Wenn Sie sich schon fast im Knast fühlen:
Ich habe hier eine Vorladung, die ich in meiner Firma als Bitte um ein Gespräch bezeichnen würde. Soll ich aus dem Wort »Vorladung« rückschließen, daß dies hier ein Saustall ist?

Wenn Sie beim Parken im absoluten Halteverbot erwischt werden:
Könnten Sie nicht auch mal bewundern, wie ich mit dem großen Auto in die kleine Parklücke gekommen bin?

Wenn die Politesse Sie im eingeschränkten Halteverbot aufschreibt:
Wenn Sie keine Uniform anhätten, wäre das, was Sie hier machen, mindestens Nötigung.

Wenn Sie sicher sind, auf einen Revierneuling zu treffen:
Ich parke hier immer. Was kann ich dafür, daß Sie neu auf dem Revier sind?! Mit Ihrem Vorgänger hatte ich eine Abmachung: Er tut mir nichts – ich tue ihm nichts.

Wenn Sie mit abgefahrenen Reifen angehalten werden:
Ich und kein Profil? Sie wollen mich wohl beleidigen!

Wenn Sie ohne TÜV-Plakette ertappt werden:
Mir ist's wichtig, daß mein Auto überhaupt noch fährt.

Im sonstigen Alltag:

Wenn der Kellner sich geirrt hat, es aber leider noch rechtzeitig merkt:
Ich habe Sie extra nicht darauf aufmerksam gemacht. Ich wollte mal prüfen, ob Sie's checken.

Wenn Sie die Arztrechnung nicht bezahlt haben:
Natürlich nicht, Herr Doktor. Ich sehe ja auch noch immer schlecht.

Wenn Sie nicht ans Telefon gegangen sind:
Natürlich war ich daheim. Aber ich wollte endlich mal »Columbo« ohne Störung sehen.

Wenn Sie aus Versehen einen Fernseher zuviel geliefert bekamen:
Kann ich was dafür, wenn Ihre Leute nicht aufpassen? Ich dachte mir, irgendwann werden Sie's schon merken. Haben Sie ja auch.

Wenn Sie fernsehsüchtig sind:
Ich muß mich fortbilden. Nur bei der »Lindenstraße« lerne ich, wie das wirkliche Leben ist.

Wenn Sie sich bei Ihrem neuen Vermieter vorstellen:
Sie suchten ja jemanden, der Ihre Wohnung wieder auf Vordermann bringt. Nun gut – hier bin ich!

Wenn Sie eine Wohnung haben wollen:
Warum ich hier einziehen will? Auf dem Campingplatz ist's im Winter zu kalt...

Wenn Sie auf Wohnungssuche sind:
Keine Angst, lieber Herr..., Sie sollen mich nicht bei sich zu Hause einquartieren. Eine Ihrer Mietwohnungen tät's auch schon.

Wenn Sie Ihre Miete nicht bezahlt haben:
Habe ich auch nicht – und das mit Recht. Der Wasserhahn tropft immer noch, aus der Dusche kommt's kalt, und der Gartenschlauch verbrüht meine Pflanzen.

Wenn Sie sich einen Drink schnorren:
Okay, okay – du zahlst das nächste Viertel, und ich erzähle dir dafür, was der Chef von dir hält.

Wenn Sie einen Kater haben:
Ich habe nicht zu viel getrunken. Ich nehme die Aspirintabletten, weil sie gegen Herzinfarkt vorbeugen.

Wenn Sie übernächtigt sind:
Ich habe keine Ringe unter den Augen – das ist meine neue Brille!

Wenn Sie beim Weihnachtsbaum-Klauen erwischt werden:
Bei dem Baumsterben hätte dieser Struppi ohnehin keine Chance gehabt.

Ich habe keine Ringe unter den Augen – das ist meine neue Brille!

Wenn der gestohlene Baum ganz klein ist:
Herr Förster, so klein, so jung, und dann die ganze Nacht allein im kalten Wald?

Wenn der Bauer Sie mit einer ganzen Tüte gestohlener Äpfel ertappt:
Sie, das ist bloß Mundraub. Warum so viele? Woher wollen Sie wissen, wie groß meine Verwandtschaft ist?

Wenn Ihr Schäferhund jemanden angefallen hat:
Mein Schäferhund ist eben kein Lämmchen. Sie haben doch auch kein Nähzeug dabei, obwohl Sie Schneider heißen.

Wenn Ihr Hund überall Haare verstreut:
Selbstverständlich sind die Haare von Bello. Er haart gerne – und wenn Sie Glatzkopf ehrlich wären, würden Sie zugeben: Sie würden auch gerne haaren.

Bei Beziehungskisten:

Wenn Ihre Katze im Bett des allergischen Freundes lag:
Wenigstens eine, die sich dahin verirrt hat.

Wenn Sie in eine andere Beziehung hineingepfuscht haben:
Das ist der einzig sichere Weg, um ohne Bindung zu bleiben. Kurz danach kommt man sehr schnell wieder ohne aus.

Wenn Sie überzeugter Single sind:
Ja und? Besser flott als Single als langweilig zu zweit.

Wenn Sie alleine bleiben wollen:
Ich bin eben einsame Spitze, gell?!

Wenn Ihnen Ihr/e Partner/in auf den Geist geht:
Ich habe es ja gleich gewußt: Eine Beziehung kann für mich keine Ergänzung sein. Ich bin solo schon vollkommen.

Wenn Sie die Ehe ablehnen:
Ehe – Partnerschaft? Das ist was für halbe Portionen. Ich genüge mir selbst zur Gänze.

Wenn Sie Ihre Freunde wegen Ihrer neuen Flamme vernachlässigen:
Natürlich könnte ich zum Pokerabend kommen. Ich würde nicht mal schummeln – ich halte nämlich ständig Händchen. Wenn's euch nicht stört?

Wenn Sie wieder mal spät nach Hause gekommen sind:
Mach' bloß keinen Zoff – ich hab' mich schon mal nach den Aufnahmebedingungen im Frauenhaus erkundigt.

Wenn Sie Ihrer Frau von einer Reise nichts mitbringen:
Ich denke, du bist emanzipiert und kaufst dir dein Parfum selber!

Wenn Sie angeheitert nach Hause kommen:
Du bist ja nicht mitgekommen – also mußte ich für zwei trinken.

Wenn Sie in dieser Woche zum dritten Mal einen Kneipenbummel machen wollen:
Du gehst shopping und ich mit Freunden weg. Rate mal, was mehr Kommunikationsmöglichkeiten bietet.

Wenn Sie alleine auf ein Bier weg wollen:
Du bist doch so sehr fürs »Gepflegte«. Ich möchte ein gepflegtes Pils heben gehen.

Wenn Sie noch nie gerne gekocht haben:
Wir sind quitt: Ich werfe dir dein Sauferei vor, und du wirfst mir das Essen nach. Also koch' ich gar nicht erst.

Wenn Sie nicht bei der Hausarbeit helfen wollen:
Ich kann dir einfach nicht zusehen, wenn du so schuftest. Ich geh' mal kurz in die Kneipe.

Wenn's um Geld geht:

Wenn man Sie um Geld anpumpt:
Du, echt, herzlich gern, du. Aber ich benutze nur noch Scheckkarten. Hab keinen Pfennig Bares mehr, du, echt.

Du willst dir von mir Geld leihen? Ein irrer Witz. Weißt du nicht, daß die Steuerfahndung hinter mir her ist?

Ich spar' doch jetzt auf diesen tollen fetten Mercedes. Da brauch' ich jede Mark. Wenn ich das Teil aber erst mal hab' – null Problemo!

Wenn Sie jemanden um Geld anpumpen:
Stell dir vor: Ich hab' im Lotto gewonnen. Ich muß mir nur noch die Kohle von der Annahmestelle holen. Kannst du mir die paar Mark für die U-Bahn vorstrecken?

Ob du's jetzt mir leihst oder der Bank – Zinsen gibt's weder da noch da. Und ich bin doch wenigstens nicht so anonym wie so'n häßliches Bankhochhaus, oder?

Ich stell' dir gern 'ne Spendenquittung aus. Zwar hat mich das Finanzamt noch nicht als gemeinnützig anerkannt. Die Chancen stehen aber gut.

Wenn Sie sich bei guten Bekannten Geld leihen:
Ich gebe euch auch eine Sicherheit: Ganz sicher gebe ich es aus!

Wenn Sie sich bei guten Freunden Geld leihen:
Wenn ihr Sicherheiten wollt, dann geht ihr am besten zur Bank.

Wenn Sie Ihre Eltern anpumpen:
Ich muß den Führerschein endlich machen. Nur dann kann ich Papa immer vom Kegelabend abholen.

Wenn Sie zur Bank gehen:
Ich denke, Sie machen den Weg frei. Na denn mal los – vor mir erhebt sich ein Schuldenberg!

Wenn Sie mehr Geld haben wollen:
Mehr Gehalt würde meine Motivation gewaltig steigern.

Wenn Sie völlig blank sind:
Ich hab' mein ganzes Geld verloren. Schenkst du mir einen Hunni? Leihen ist zwecklos.

Wenn Sie jetzt immer noch nicht Bescheid wissen:
✻ Frechheit siegt.
✻ Lassen Sie sich nicht von irgendwelchen Vorwürfen aus der Bahn werfen.
✻ Geben Sie die nackte Wahrheit zu, und
✻ verblüffen Sie so jeden, der Ihnen wegen irgendwelcher angeblichen Vergehen Vorwürfe macht.
Sie sind doch niemandem Rechenschaft schuldig, oder? Außer sich selber natürlich. Und vielleicht Ihrer/m Liebsten. Und der Familie. Und der Nachbarschaft. Und Ihren lieben Bekannten. Und dem Hund/der Katze/dem Kanarienvogel. Und damit kommen wir zum nächsten Kapitel, wau!

Kapitel 11

»Mein Bello tut das nicht!«

Ausreden für Tierbesitzer

Haustiere hat fast jeder. Leute, die sich lediglich einen Kanarienvogel, eine Schildkröte oder ein paar Fischlein im Aquarium halten, sind fein raus: Dies Getier lebt meist innerhalb der Wohnung und trifft somit selten auf Nachbarn und andere Tierhasser. Wenn Sie sich nicht gerade eine Riesen-Pythonschlange, einen kreischenden Affen oder einen Aasgeier zulegen, werden Nachbarn und auch der Hausherr nicht dagegen angehen.
Anders – und damit schlechter – sind jene dran, deren Tiere ins Freie können und müssen (oder wollen). Vor allem Hunde natürlich: Sie sind nach landläufiger Meinung der beste Freund des Menschen. Dieser beste Freund wird gegen Angriffe bis zum letzten Atemzug verteidigt. Selbst wenn

- Ihr Rauhhaardackel dabei erwischt wird, wie er Nachbars Katze jagt,
- Ihr Schäferhund offensichtlich der Pudeldame Ihrer Tante nachsteigt,
- Ihr Jagdhund mitten im Ententeich des Stadtparks »festgenommen« wird:

Niemals sind Sie – oder gar das liebe Tier – schuld daran. Im Umgang mit Hunden, egal ob großer und kleiner Rasse, empfiehlt es sich auf jeden Fall, immer den anderen die Schuld zuzuweisen. Und dabei sollte man keine unsinnige Scheu an den Tag legen:

- Ihr Rauhhaardackel wird schon seit Monaten von der Nachbarskatze provoziert.
- Ihr Schäferhund ist geradezu penetrant von der Pudeldame »angemacht« worden.

✻ Ihr Jagdhund geht lediglich seinen Ur-Instinkten nach. Wie sollen die armen Tiere denn sonst reagieren, wenn nicht menschlich? In solchen Fällen wird ihnen jegliche Intelligenz abgesprochen, alles wird auf die Triebe geschoben.

Das Gegenteil ist dann der Fall, wenn irgendein böswilliger Passant dem vierbeinigen Begleiter unterstellt, er sei »nur ein doofer Hund«. Da kann man dann sehen, wie so mancher Tierfreund zur Hochform aufläuft. Denn:

✻ So treu wie Ihr Bello ist keiner.
✻ So folgsam sowieso nicht.
✻ So gut wie er versteht Sie niemand.
✻ So eine Seele von Hund gibt es kein zweites Mal.
✻ So gescheit ist kein anderes Tier.

Da könnte sich mancher Mensch ein Beispiel dran nehmen. Leider nimmt sich kein Mensch ein Beispiel daran. Deshalb kommt es immer wieder zu Konfrontationen zwischen Tierbesitzern und den armseligen anderen Menschen, die kein Haustier ihr eigen nennen. Manchmal sind diese seelischen Krüppel in der Nachbarschaft des Tierbesitzers in der Überzahl. Da bleibt es dann nicht aus, daß man den strikten Vorurteilen dieser Tierhasser begegnen muß – mit Ausreden aller Art. Hier nun die definitive Lebenshilfe für alle verfolgten Tierfreunde:

Wenn Ihr Hund an Nachbars Blumen pinkelt:
Seien Sie froh, daß das Gestrüpp überhaupt Beachtung findet.

Wenn Ihr Hund überall hinpinkelt:
Er muß eben Marken setzen. Wahrscheinlich stinkt ihm alles hier.

Wenn der Hund den Gartenzaun untergräbt:
Dackel sind Jagdhunde. Er sucht sicher nur den Dachsbau.

Wenn man ein Häufchen findet:
Da hat mein Bello bestimmt wieder eine Magenverstimmung gehabt.

Wenn Sie militärische Gewohnheiten an den Tag legen:
Mein Hasso folgt aufs Wort. Ist eben gut gedrillt. Hasso! Platz! (Man hört eine kleine Detonation ...)

Wenn Ihr Hund Kieselsteine frißt:
Das braucht das Tier – um den Magen zu reinigen.

Wenn der Briefträger nicht ins Haus kann:
Mein Bello erkennt genau, daß Sie wieder nur Rechnungen und Mahnungen dabei haben.

Wenn der Briefträger ausnahmsweise mal reingekommen ist:
Sehen Sie – jetzt hat er sich an Sie gewöhnt. Aber wehe, Sie kommen ohne den fälligen Scheck!

Wenn der Briefträger freudig bellend begrüßt wird:
Ach – haben Sie eine Postanweisung dabei?

Wenn Ihr Vierbeiner einen ausgeprägten Freiheitsdrang hat:
Mein Hund soll kein Sklave sein. Bello darf sich ausleben, wo er auch möchte.

Wenn wieder mal der Spielplatz verunreinigt war:
Wieso soll das ausgerechnet meiner gewesen sein? Hier gibt's Hunderte von Hunden in der Umgegend! Oder erkennen Sie alle an der Scheiße?

Wenn Ihr Hund gerne bellt:
Schließlich ist Hasso ein ausgebildeter Wachhund. Er meldet doch nur, daß Sie gekommen sind.

Mein Hasso folgt aufs Wort. Ist eben gut gedrillt. Hasso! Platz! (Man hört eine kleine Detonation ...)

Wenn Ihr Hund schnappt:
Er will Ihnen nur zeigen, daß er Sie mag. Das sind Liebesbisse.

Wenn Ihr Hund im Park ohne Leine läuft:
Mein Hund zahlt Hundesteuer – und das nicht zu knapp. Deshalb darf er sehr wohl den Park benutzen.

Wenn Ihr Hund den Gasmann jagt:
Er hat eben was gegen Uniformen – genau wie ich.

Wenn Ihr Hund lammfromm guckt:
Keine Angst, der tut niemandem etwas. Außer wenn er gereizt wird.

Wenn Ihr Hund zugebissen haben soll:
Mein Fido hat doch kaum noch Zähne. Er frißt nur ganz fein durchgedrehtes Hackfleisch.

Wenn Ihr Hund vom Friseur kommt:
Wagen Sie es nicht zu lästern! Bello merkt das genau – und wird in so einem Fall furchtbar sauer. Und dann gnade Ihnen Gott!

Wenn Ihr Hund sich dauernd kratzt:
Flöhe und Hunde – das gehört einfach zusammen. Eine ewige Freundschaft!

Wenn Ihr Hund verschmust ist:
Was haben Sie eigentlich gegen Doggen? Besser sie sitzt auf Ihrem Schoß, als daß sie beißt, oder?

Wenn Ihr Hund gerne spielt:
Mein Hasso mag Kinder so gern. Er kann mit ihnen seinen Jagdtrieb voll ausleben.

Wenn Ihr Hund in den Gartenteich gesprungen ist:
Mein Gott – es ist Sommer, und ihm war heiß. Den Fischen hat's auch nicht geschadet.

Wenn Ihr Hund ausgerissen ist:
Hoffentlich kommt Bello bald wieder. Er kennt sich doch nicht aus in der Gegend.

Wenn Ihr Hund wieder heimgekommen ist:
Da sehen Sie's: Hunde sind einfach die intelligentesten Tiere. Hat mein Bello doch glatt von Kaufmann hierher heimgefunden. Er vergißt eben nicht, wo er zu Hause ist.

Wenn Ihr Hund gerne nascht:
Bello weiß, was gut ist. Ich mag Sahnetorten ja auch am liebsten.

Wenn Ihr Hund zu dick ist:
Das sind alles nur Muskeln. Mein Bello gehört eben einer kräftigen Rasse an.

Wenn Ihr Hund zu dünn ist:
Was wollen Sie denn? Dann läuft er schneller!

Wenn Ihre Hündin läufig ist:
Tja – so viele Verehrer hätten Sie auch gerne mal gehabt, gell?!

Wenn Ihr Hund ein Rüde ist:
Er ist halt ein Casanova, unser Kleiner. Aber was will man machen – wenn er so provoziert wird!?

Wenn Ihr Hund kastriert ist:
Probleme haben wir ja nicht mehr. Seither ist Hasso viel anschmiegsamer. Allerdings: Er schläft jetzt viel.

Wenn Ihr Hund im Ententeich erwischt wird:
Hasso ist ein echter Vorstehhund. Er ist gedrillt auf Vögel. Sie sollten besser eine Volière bauen.

Wenn Ihr Hund nicht folgt:
Bello ist eben schon ein bißchen schwerhörig.

Wenn Ihr Hund klaut:
Das habe ich ihm beigebracht. Hundefutter ist so teuer.

Wenn Ihr Hund den Tierarzt gebissen hat:
Mein Gott, Herr Doktor, nun stellen Sie sich nicht so an. Sind Sie etwa nicht versichert?

Wenn Ihr Hund Katzen haßt:
Sie erinnern ihn eben an den Dschungel. Sie schleichen auch immer so hinterhältig herum. Und erst die Schnurrerei – er hält es eben für bösartiges Knurren und will mich beschützen.

Das Zusammenleben mit Katzen muß man unter folgendem Gesichtspunkt betrachten: Die samtpfötigen Vierbeiner wurden vom lieben Gott nur deshalb erschaffen, damit wir Menschen auch mal einen Tiger streicheln können. Und genauso dieses Gefühl muß man in all seinen Ausreden vermitteln, wenn man eine Katze als Haustier hat.

Wenn Ihre Katze auf Vogeljagd geht:
Ist es nicht toll, wie sehr sich diese Tiere ihre wilde Natur seit Jahrtausenden bewahrt haben?

Wenn Ihre Katze die ganze Nacht maunzt:
Die haben eben noch ein Liebesleben. Da könnt' sich manch einer eine Scheibe davon abschneiden.

Wenn Ihre Katze in der Mülltonne stöbert:
Kochen Sie das Gulasch immer noch aus Kitekat? Ich dachte, Ihrem Mann wird immer schlecht davon.

Wenn Sie Unabhängigkeit lieben:
Katzen sind das Schönste. Die lassen sich nicht dressieren

Wenn Ihnen eine Maus aufs Kopfkissen gelegt wird:
Meine Mieze ist ja so intelligent. Sie weiß, daß Mäuse nicht in die Speisekammer gehören.

Wenn Ihre Katze haart:
Sie bekommt das Winterfell.

Wenn sie im Frühling haart:
Endlich! Seien Sie froh – jedes Haar ein Frühlingsbote.

Wenn Ihre Katze an den Polstermöbeln kratzt:
Sie gehen doch auch zur Maniküre, oder?

Wenn Ihre Katze die Gardinen hochklettert:
Wofür brauche ich Gardinen? Ich habe nichts zu verbergen.

Wenn Ihre Katze von feinstem Tatar lebt:
Mieze ist eben ein Gourmet. Sie ernähren sich doch wohl auch nicht nur von Konserven!

Wenn Ihre Katze Allergien hervorruft:
Das bißchen Schnupfen – nehmen Sie eben ein Tempo!

Wenn Ihre Katze nicht überall beliebt ist:
Das ist ja wieder typisch! Sie kommen wohl nur mit sklavisch dressierten Schäferhunden klar, wie?

Wenn Ihre Katze im Goldfischglas angelt:
Hast du ihr wieder nichts zu fressen gegeben?

Wenn Ihre Katze den Kanarienvogel belauert:
Ich finde, wir sollten ihn mal aus dem Käfig lassen. Das Gesetz des Dschungels: Mal schauen, wer überlebt.

Wenn Ihre Katze den Hund becirct:
Nein, ist Tierfreundschaft nicht was Schönes?

Wenn Ihre Katze auf dem Schrank thront:
Sie möchte eben den Überblick behalten.

Wenn Ihre Katze in der frischgewaschenen Wäsche liegt:
Sie mag's eben auch aprilfrisch.

Wenn Ihre Katze sich hinterm Ohr kratzt:
Sie hat keine Flöhe – nein. Nach einer alten Bauernregel heißt das, es wird bald regnen.

Wenn Ihre Katze laut schnurrt:
Das ist so beruhigend. Ich könnte stundenlang zuhören und dabei dösen.

Wenn Ihre Katze den ganzen Tag pennt:
Katzen verstehen eben, zu leben und zu genießen.

Wenn Ihre Katze ins Bett pinkelt:
Wahrscheinlich warst du wieder mal zwei Nächte aushäusig.

Wenn Ihre Katze die Topfpflanzen anknabbert:
Auch Katzen sind manchmal Vegetarier. Und brauchen Gemüse.

Wenn Ihre Katze im Blumentopf gräbt:
Hast du das Katzenklo wieder mal nicht ausgeleert?

Wenn Ihre Katze am liebsten auf dem Pullover haart:
Was heißt hier Katzenhaare – das ist ein Designerstück aus Angorawolle!

Wenn Ihre Katze arrogant wird:
Wahrscheinlich hat sie wieder in der Zeitung von Bill Clintons Katze im Weißen Haus gelesen.

Wenn Ihre Katze die Nahrung verweigert:
Sie nimmt nicht jedes Dosenfutter zu sich – sie weiß, was sie sich schuldig ist.

Wenn Ihre Katze die Krallen ausfährt:
Das meint sie nicht böse. Sie übt doch nur. Für den nächtlichen Liebeskampf auf unserem Hausdach.

Wenn Ihre Katze dösend in der Sonne liegt:
Was heißt hier »faul"? Sie denkt sicher wieder über ihre glorreichen Verwandten bei den alten Ägyptern nach.

Wenn Ihr Katze sich putzt:
Sie hat wieder die Maus am Computer für eine echte gehalten und ist jetzt ganz verlegen.

Wenn Ihre Katze des Nachts auf Tour geht:
Ein Überbleibsel aus der Zeit der Hexenverfolgung – da durften die nur nachts raus. Außerdem ist der Nachbarshund dann immer eingesperrt.

Wenn Ihre Katze zu fett ist:
Na und? Garfield wurde auf diese Weise weltberühmt!

Hunde und Katzen – das mag ja ganz gut und schön sein. Aber die weitaus meisten Leute haben einen Vogel. Einen eingebildeten – oder einen echten. Und auch der macht hin und wieder Probleme, die dazu führen, daß man eine Ausrede benötigt.

Wenn Ihr Kanarienvogel nicht singen will:
Er ist noch viel zu jung. Kanarienvögel lernen's erst später.

Wenn Ihr Kanarienvogel ständig nervtötend tiriliert:
Ich kann gar nicht genug bekommen von diesem fröhlichen Zwitschern. Es macht so gute Laune, finden Sie nicht auch?

Wenn Ihr Papagei den Schnabel nicht halten kann:
Er ist ja so ein gelehriges Tier – mehr als zehn Worte kennt er schon. Wir haben gerade einen Beleidigungsprozeß gegen uns laufen!

Wenn Ihr Dompfaffpärchen sich nicht vermehrt:
Würden Sie's gern in aller Öffentlichkeit in einem Käfig tun?

Wenn Ihr (Brief-)Taubenschlag immer leer ist:
Sind alle unterwegs, die lieben Tierchen. Die Bundespost hat sie mir abgekauft, weil sie schneller und pünktlicher sind.

Wenn Ihr winterliches Vogelhäuschen stark frequentiert ist:
Die Tierchen kommen nur, weil die Nachbarskatze im Winter nicht 'rausdarf. Das wissen sie. Und nutzen es aus.

Wenn Ihr Papagei nur schweinische Wörter kennt:
Ich hab ihn im Hafen einem Matrosen abgekauft. Der Vogel war spottbillig – jetzt wissen wir auch, warum.

Wenn Ihr Papagei niemals spricht, wenn er soll:
Er redet nur, wenn intelligente Menschen anwesend sind.

Wenn Ihr Papagei weggeflogen ist:
Er sucht die Wärme des Amazonas, der Arme. Dabei hatte er's so gut bei uns.

Und hier zu guter Letzt noch ein paar Ausreden für Aquarienfreunde, Hamsterbesitzer, Meerschweinchen-Eigentümer und Karnickelfans.

Wenn Fische für langweilig gehalten werden:
Was heißt hier langweilig?! Meine Piranhas sind eigentlich recht gesellig. Steck doch mal die Hand ins Wasser.

Wenn man Ihren Hamster im Laufrad bemitleidet:
Ich weiß nicht, was Sie haben. Für mich ist mein Hamster das Symbol für die Tretmühle des Alltags. Außerdem: Was meinen Sie, woher wir den Strom für den Kühlschrank nehmen?

Wenn die Meerschweinchen überall hinkötteln:
Die Kinder wollten unbedingt ein Streicheltier. Jetzt lernen sie, daß das auch mit Verantwortung und Arbeit verbunden ist. Allerdings: Die Arbeit hat meine Frau.

Wenn Ihre Schildkröte am Salatblatt nagt:
Gottseidank – bei uns kommt sie nicht in die Suppe. Ich habe sie gerade noch mal vor diesem gräßlichen Tod gerettet.

Wenn Ihre Karnickel sich vermehren wie die Karnickel:
So haben wir immer einen Sonntagsbraten. Theoretisch jedenfalls. Mein Mann bringt's nur nicht übers Herz, sie zu schlachten. Wir ziehen demnächst um, weil die Wohnung zu klein wird.

Tja, das wär's denn zum Thema Tierfreunde. Sie sehen: Ausreden finden, ohne seine Phantasie ein bißchen spielen zu lassen – das geht kaum. Ganz besonders viel Erfindungsgeist benötigen Sie, wenn Sie sich mit Ihren Nachbarn anlegen. Damit kommen wir zum letzten Kapitel: Ausreden für (gegen) Nachbarn.

Was heißt hier langweilig?! Meine Piranhas sind eigentlich recht gesellig. Steck doch mal die Hand ins Wasser.

Kapitel 12

»Könnte ich mal bitte ...«

Ausreden für Nachbarn

»Es kann der Frömmste nicht in Frieden leben, wenn es dem bösen Nachbarn nicht gefällt!« So sprach einst Wilhelm Tell. Wir wissen nicht, ob Friedrich Schiller schon mit Nachbarn zu tun hatte, denen er ständig Ausreden servieren mußte. Aber man kann davon ausgehen. Und sicher sind Herrn Schiller damals viele gute Ausreden eingefallen.
In unserer Zeit ist es nicht anders: Man muß mit seinen Nachbarn auskommen – ob man will oder nicht. Besonders peinlich ist es natürlich, wenn einem gegenüber dem Nachbarn, den man sowieso nicht ausstehen kann, weil er ständig meckert und stänkert, ein Fehler unterläuft.

Sie haben
✻ die ausgeliehene Bohrmaschine nicht zurückgegeben?
✻ die Kirschen in Nachbars Garten geerntet?
✻ beim schwungvollen Ausparken nach dem Kegelabend ein Stückchen seines Gartenzauns mitgenommen?
✻ die Kaninchen heimlich aus dem Stall gelassen, und die haben in seinem Garten alles kurz und klein gefressen?

Hier gibt es nur zwei Wege, dem drohenden Unheil zu entgehen:
✻ Sind Sie auf frischer Tat ertappt worden, oder gibt es eindeutige Beweise für Ihre Tat? Dann schlagen Sie Weg 1 ein:
Geben Sie alles zu und nehmen Sie dem Ankläger aus dem Nachbarhaus damit den Wind aus den Segeln. Gestehen Sie

reumütig und erbitten Sie noch ein letztes Mal Verzeihung. Sie werden feststellen: Vor lauter Verblüffung über Ihr Geständnis wird Ihnen diese sogar gewährt.
✱ Es gibt für Ihr »Vergehen« keinen Beweis, und außerdem haben Sie ein Alibi, das durch »Zeugenaussagen« aus dem Familien- und Freundeskreis gestützt wird?
Dann schlagen Sie Weg 2 ein: Leugnen Sie alles eiskalt ab. Gehen Sie zum Gegenangriff über. Drohen Sie mit dem Anwalt, dem Bundesverfassungsgericht, dem Jüngsten Gericht.
Sie sind nicht recht der Typ für diese beiden einzig sicheren Methoden, mit Nachbarn umzugehen? Dann müssen Sie sich halt mal wieder eine Ausrede einfallen lassen. Denn alle Menschen wollen betrogen sein. Alle Menschen hören sich lieber eine (gute) Ausrede an, bevor sie mit der Wahrheit umgehen müssen. Und so kommen wir zu den gut nachbarlichen Beziehungen – und allerlei Ausreden dazu:

Wenn Nachbars Kirschen gut schmeckten:
Die Kirschen von Ihrem Baum habe ich aus rein wissenschaftlichen Gründen geerntet. Ich wollte wissen, warum die Kerne immer nur in meinem Garten treiben.

Wenn Nachbars Zwetschgen ein Gedicht sind:
Ihr Vormieter hat uns immer ein Eimerchen voll Zwetschgen für unseren Rumtopf gegeben. Zehn Jahrgänge haben wir jetzt schon beisammen – und da können wir die Reihe nicht unterbrechen, nur weil Ihnen das nicht paßt.

Wenn Ihre Katze beim Nachbarn zu Besuch war:
Also erstens kann ich nichts dafür, daß Sie Ihre Balkontüre immer offenlassen und meinem Mohrle auf diese Weise freien Zugang zu Ihren Abendbrotschnittchen ermöglichen. Und zweitens will ich über den letzten Haufen von Ihrem Waldi auf unserer Terrasse gar nicht erst reden.

Wenn Ihr Grillfest fast (!) überall in der Nachbarschaft ein Erfolg war:
Sie beschweren sich über den Geruch unseres Grillfestes? Kommen Sie doch bitte mal bei Westwind auf unsere Grundstücksseite und genießen Sie die Duftwelt Ihres Komposthaufens.

Wenn Sie biologischen Gartenanbau pflegen:
Schon mal was von reinen Biotopen gehört? Mit Gift kann man alles niedermachen!

Wenn Ihr Rasen englisch wirkt:
Tja, mein Lieber – jahrelange Erfahrung. Mein Großvater hat englischen Rasenbau studiert.

Wenn Ihr Hund in Nachbars Rosenbeet gegraben hat:
Er tobt nur seinen Jagdinstinkt aus – er will alle Wühlmäuse erwischen.

Wenn Ihre Kinder zu laut waren:
Da sollten Sie erst mal sehen, was Ihre lieben Kleinen in unserem Vorgarten angerichtet haben! Da ist der Lärm unserer Kinder ein Kinderspiel. Außerdem gibt's Oropax!

Wenn Ihre Kleinen wirklich toben:
Wie – ich soll meine Kinder zurückhalten? Ich will ja keine Sklaven erziehen!

Wenn Ihre Fete ganz toll war:
Nein, nein – die Polizei war bei uns als Gast geladen!

Wenn Sie Nachbars Garage zuparkten:
Ich habe extra geguckt, ob Sie noch mal wegfahren. Aber Sie hatten es sich im Garten schon so gemütlich gemacht …

Wenn in Ihrem Gartenteich die Frösche quaken:
Das ist der Ruf der Natur. Haben Sie etwas dagegen?

Wenn Sie eine bunte, aber ungepflegte Wiese und keinen ordentlichen Rasen haben:
Ist's nicht schön, wie die Schmetterlinge über die Gräser schweben?

Wenn Sie Fremdes ernten und erwischt werden:
Ich wollte nur mal rausfinden, ob Ihre Kürbisse besser schmecken als unsere eigenen.

Wenn Sie eine Alarmanlage einbauen ließen:
Wir haben gestern nacht lediglich einen kleinen Testlauf gemacht – jetzt kann uns nichts mehr passieren.

Wenn Nachbars Kinder von Ihnen verjagt werden:
Ich habe ja nichts gegen Kinder – nur aus meinem Garten sollen sie wegbleiben.

Wenn Sie gerne Hausmusik machen:
Wir haben extra unsere Mietwohnung aufgegeben, weil wir unsere Kinder musikalisch erziehen wollten.

Wenn Ihr Sohn glaubt, eine Disco zu betreiben:
Er übt doch nur – für seinen Auftritt als Discjockey auf dem Schulball.

Wenn Ihre Tochter Motorrad fährt:
Haben Sie was gegen die Gleichberechtigung? Ihr Sohn fährt doch auch Mofa!

Wenn bei Ihnen ständig Gäste sind:
Gastfreundschaft ist ein hohes Kulturgut. Sie sind natürlich auch herzlich eingeladen. Ach, wußten Sie übrigens, daß wir im Verein für Freikörperkultur Mitglied sind?

Wenn Sie nur einen Parkplatz, aber zwei Autos haben:
Ich zahle genauso Steuern wie Sie. Deshalb kann unser Zweitauto auch auf der Straße stehen, oder? Die haben Sie doch nicht allein gepachtet.

Wenn Sie Gartenzäune negieren:
Wir lehnen Einschränkungen jeder Art ab – auch unser Garten will sich frei entfalten können.

Wenn Sie einen Flohmarkt veranstalten:
Wir machen eben sogar aus Sperrmüll noch Kohle. Sollten Sie auch mal versuchen. In Ihrer Wohnung steht ja genug davon ’rum.

Wenn Sie die Kindergruppe betreuen:
Die lieben Kleinen! Es ist so herzerfrischend, wenn sie im Garten spielen. Und weil sie die Uhr noch nicht kennen, können sie keine Rücksicht auf Ihre Mittagsruhe nehmen.

Wenn bei Ihnen die Blasmusik probt:
Alles nur fürs Gemeindefest! Sie kommen doch auch?

Wenn Sie einen Anbau planen:
Ich weiß, wir müssen um Ihre Zustimmung bitten. Aber bedenken Sie: Dann ist wenigstens eine Wand zwischen Ihrem Garten und uns!

Wenn Sie einen Swimmingpool bauen:
Ich habe keine Hemmungen, meinen Luxuskörper zu zeigen. Sie etwa?

Wenn Sie den schönsten Garten weit und breit haben:
Nur kein Neid! Bei mir ist’s Vererbung – ich habe einen grünen Daumen. Mein Vater war Schrebergärtner.

Wenn Sie Nachbars Auto aus Ihrer Einfahrt abschleppen lassen:
Ich mußte ganz dringend in die Stadt – und der Bus war gerade abgefahren.

Wenn Sie Gartenzwerge hassen:
Typischer Kleinbürgerscheiß! Aber wenn Sie meinen, Sie müßten so was haben – bitte!

Wenn Sie Gartenzwerge lieben:
Ich weiß, daß die Zwerge kitschig sind. Aber sie machen einen so anheimelnden Eindruck.

Wenn Sie einen Baum pflanzen:
Mir ist bekannt, daß wir um 25 Zentimeter zu nah an der Grundstücksgrenze sind. Dafür dürfen Sie den Schatten mitgenießen.

Wenn Sie eine Mauer ziehen:
Die Hecke war uns zu durchsichtig. Und sie mußte immer geschnitten werden.

Wenn Sie gerne sonnenbaden:
Ja und – ich bin eben gern nahtlos braun. Wenn es Sie stört, kaufen Sie einen Paravent. Und wenn nicht, ein Fernglas!

Wenn Sie Nachbars ausspähen:
Ich wollte nur schauen, ob bei Ihnen auch kein Dieb eingestiegen ist. Ich konnte ja nicht ahnen, daß Sie sich heimlich in Ihr eigenes Haus geschlichen haben.

Wenn Sie die Nachbarin besonders gerne sehen:
Ich wollte Ihnen nur behilflich sein – darf ich Ihnen die Leiter halten?

Wenn Sie was gegen Maulwürfe haben:
Ich bin gegen jegliche Untergrundarbeit.

Wenn Sie im Glashaus sitzen:
Unser Wintergarten ist mein ein und alles. Jahrelang haben wir darauf gespart.

Wenn Sie plötzlich in Nachbars Sauna wollen:
Ich finde es egoistisch, gesundheitsfördernde Maßnahmen nur alleine durchführen zu wollen.

Wenn Sie den Schornsteinfeger ausfragen:
Wir wollten nur ökologisch tätig sein – schließlich ist der Mann ein Experte in Sachen Umweltschutz.

Wenn Sie Ihre Putzfrau nicht ausleihen wollen:
Wir sind nicht auf dem Sklavenmarkt oder in der Bundesliga. Unsere Putzfrau gehört uns.

Wenn Ihre Kinder Fußball spielen:
Sie haben ja damals den Antrag auf einen Kinderspielplatz nicht unterschrieben. Jetzt müssen die Jungs eben im Garten bolzen.

Wenn Sie schlafwandeln:
Nicht mal nachts komme ich zur Ruhe – immer bin ich im Streß. Falls Sie mich auf dem Dach sehen: Bitte nicht rufen. Sonst werde ich wach und falle 'runter!

Wenn der Postbote Ihnen ein Paket vom Nachbarn bringt:
Aber gerne nehme ich's an. Mal schauen, was sich die wieder bestellt haben.

Wenn Sie Nachbars Haus hüten:
Wir konnten nichts dafür, daß eingebrochen wurde. Der Dieb kam im Dunkeln.

Wenn Sie Nachbars Garten pflegen:
Leider sieht's in Ihrem Garten nicht so gut aus. Alle Katzen der Gegend haben sich dort zum Liebeswerben getroffen.

Der Lärm war unerträglich – und die Nachbarn haben mit allen möglichen Gegenständen versucht, die Viecher zu verscheuchen.

Wenn Sie eher ein Einzelgänger sind:
Ich habe für sogenannte Nachbarschaft nichts übrig. War immer schon für Solo-Auftritte.

Wenn Sie den geliehenen Rasenmäher nicht zurückgegeben haben:
Das ist Ihr Rasenmäher? Sind Sie sicher??? Na gut! Äh, dürfte ich übrigens Ihre Schneeschaufel haben?

Wenn Sie den anvertrauten Schlüssel mißbrauchten:
Was heißt hier widerrechtlich?! Sie wollten doch, daß wir in Ihrer Abwesenheit Ihre Wohnung im Auge behalten!

Wenn Sie neidisch sind:
Ich gönne Ihnen ja wirklich alles. Aber der Butler, den Sie jetzt eingestellt haben – der kann gar nicht echt englisch sein. Der hat sächsischen Akzent.

Wenn Sie beim nachbarlichen Tratsch erwischt werden:
Was heißt hier Klatsch? So erfahre ich wenigstens, was Sie wirklich im Nebenhaus treiben!

Wenn Sie über Nachbars herziehen:
Ich weiß nicht, was Sie wollen. Wir wohnen Tür an Tür – wir kriegen Ihr Eheglück nun wirklich hautnah mit.

Wenn Nachbars schon wieder ein größeres Auto gekauft haben:
Langsam nimmt das überhand. Wir müssen uns ja nichts beweisen, oder?

Wenn Ihre Frau auch einen Karibikurlaub buchen möchte:
Willst du allen Ernstes unsere Nachbarn dort treffen? Die haben wir doch schon mal auf Mallorca erlebt – grauenhaft!

Wenn Sie bei Nachbars Fest leider betrunken waren:
Tut mir wirklich leid! Aber ich konnte ja nicht ahnen, daß Sie in die Bowle echte Rumtopffrüchte tun.

Wenn Sie Silvester maßlos Schampus getrunken haben:
Ach, das war echter Champagner? Ich dachte, es wäre nur so 'ne billige Brause. Sonst hätt' ich mich natürlich zurückgehalten.

Wenn Sie die Silvesterraketen in Nachbars Garten feuerten:
Ich dachte, Sie freuen sich drüber, ein bißchen mitfeiern zu können.

Wenn Sie zum x-ten Mal Salz, Mehl oder Kaffee schnorren müssen:
Sie werden es nicht glauben: Aber heute ist meine Erbtante aus Chicago überraschend zu Besuch gekommen. Da kann ich Ihnen nächste Woche endlich alles zurückgeben.

Sie sehen – auch mit der Nachbarschaft kommt man ganz gut aus, wenn man sich ein paar Ausreden einfallen läßt. Schließlich will man sich ja nicht nachsagen lassen, man sei nicht voll des guten Willens.
Natürlich müssen Sie sich auch von den freundlichsten Nachbarn nicht alles gefallen lassen: So mancher hat die Methode perfektioniert, mit freundlicher Anmache alles durchsetzen oder – gottbewahre! – Ausgeliehenes wieder zurückzuholen. Dem können Sie mit einer guten Ausrede ebenfalls begegnen. Schließlich kann Ihr Nachbar es sich sicherlich eher leisten als Sie, eine neue Bohrmaschine, einen neuen Rasenmäher oder eine größere Mülltonne zu kaufen.
Deshalb: Seien Sie nie um eine Ausrede verlegen. Und falls Sie was vergessen haben, finden Sie jetzt zum Abschluß noch einmal zusammengefaßt alles Wichtige zum Thema »Wie rede ich mich richtig 'raus?«

Ich gönne Ihnen ja wirklich alles. Aber der Butler, den Sie jetzt eingestellt haben – der kann gar nicht echt englisch sein. Der hat sächsischen Akzent.

Nachwort

Tapfer, tapfer – Sie haben es geschafft. Hunderte von Ausreden zu lesen ist fast so nervenzerfetzend wie sie zu schreiben. Keine Ausrede: Die eine oder andere Ausrede hätte auch in einem anderen Kapitel stehen können. Manch einen Satz würden wir im täglichen Leben nie verwenden – aus Rücksicht, Feigheit oder mangelnder Schlagfertigkeit. Aber das meiste können Sie – wie auch immer – hoffentlich mal gebrauchen.

Und weil Sie so brav durchgehalten haben, hier zur Belohnung nochmals die wichtigsten Regeln für alle Ausreden:

✻ Sie haben Mist gebaut?

Dann gibt's zwei Möglichkeiten: Ausrede suchen oder ableugnen. Für beides muß man geeignet sein. Ersteres kann man lernen, bei zweiterem sollte geniale Begabung im Pokerspiel vorhanden sein.

✻ Weisen Sie alle Schuld von sich. Siiiie sind es nicht gewesen. Sicherheitshalber sollten Sie jedoch einen Sündenbock in petto haben.

✻ Auf frischer Tat ertappt? Peinlich. Und: Pech! Finden Sie daher eine hieb- und stichfeste Begründung für Ihre Missetat. Gut geeignet: Gesundheit, Sport, Karriere – und die Liebe.

✻ Krach mit der/dem Liebsten? Suchen Sie – wenn möglich! – schon vorher nach einer passenden Ausrede. Achten Sie darauf, daß Ehegatten durch ein besonders ausgeprägtes Mißtrauen gekennzeichnet sind. Also: So nahe wie möglich an der Wahrheit bleiben. Details müssen stimmen – Großes kann frei erfunden sein. Hier sind Ihrer Fantasie keine Grenzen gesetzt.

✻ Zu spät gekommen? Selbst wenn Sie von nichts gewußt haben – den/die andere/n interessiert das nicht. Deshalb:

Entweder rotzfreche Ausreden erfinden oder die Wahrheit sagen. Nach einiger Zeit sind Sie so als notorischer Zuspätkommer bekannt, daß man bei Ihnen immer schon eine größere Zeitspanne einplant.

✻ Verharmlosen Sie den Sachverhalt. So schlimm kann's doch nicht gewesen sein. Selbst im schlimmsten Vorkommnis steckt immer etwas Gutes. Und dieses Gute müssen Sie herausfinden, etwas (oder gewaltig!) vergrößern und dann als Begründung für Ihre Vergehen darstellen.

✻ Tolpatsche, die ohne erkennbar böse Absicht etwas angestellt haben, müssen ihre Ausrede immer gleich mit einer verzweifelten Entschuldigung verbinden. So erwecken sie das Mitleid des Geschädigten, appellieren an sein Gewissen und führen die Verzeihung herbei.

✻ Verwenden Sie in Ihren Ausreden die Zitate berühmter Männer und Frauen. Wer als Prominenter im selben Fall versagt hat und trotzdem was geworden ist, kann so falsch nicht gelegen haben.

✻ Tätige Reue ist für all jene angebracht, die wirklich Gravierendes verbrochen haben. Also z.B. den Geburtstag der/des Liebsten vergessen. Schwelgen Sie in solchen Fällen im Selbstmitleid.

✻ Ausreden erfinden benötigt eine gewisse Phantasie. Sie können maßlos übertreiben – jeder wird Ihnen Ihre Geschichte abkaufen. Denn jeder weiß mittlerweile auch von Film, Funk und Fernsehen (und aus diesem Buch!): Das Leben schlägt die dollsten Kapriolen. Und die können jedem passieren.

✻ Gegen Tierhasser ist schwer anzukommen. Benötigt man hier eine Ausrede, so empfiehlt sich die Angriffs-Methode. Weisen Sie auf die vielen Vorteile der Tierhaltung hin. Verteufeln Sie Ihren Gegner als Tierfeind, der nichts für die schönen Seiten des Lebens übrig hat.

✻ Sie sind selbstbewußt? Dann brauchen Sie keine Ausreden. Geben Sie alles zu. Je nach Fall mit boshaftem Lächeln, verzeihungheischendem Grinsen oder aber trauervoller Miene.

Mit all diesen Regeln werden Sie künftig in Schule und Beruf, in der Liebe und bei Freunden, in der Nachbarschaft und im Verein gut über die Runden kommen. Und dazu wünschen wir Ihnen viel Glück!